王小婷·编著

中国梦
家乡情
Zhongguomeng Jiaxiangqing

我爱

广西

山东画报出版社

图书在版编目（ＣＩＰ）数据

我爱广西/王小婷编著 . —济南：山东画报出版
社，2014.2
　　（中国梦家乡情丛书）
　　ISBN 978 - 7 - 5474 - 1209 - 1

　　Ⅰ.①我…　Ⅱ.①王…　Ⅲ.①广西—概况—青年读物
②广西—概况—少年读物　Ⅳ.①K926.7 - 49

　　中国版本图书馆 CIP 数据核字（2014）第 029207 号

责任编辑　许　诺
装帧设计　林静文化
主管部门　山东出版集团有限公司
出版发行

　　社　　址　济南市经九路胜利大街 39 号　邮编 250001
　　电　　话　总编室（0531）82098470　　（010）61536005
　　　　　　　市场部（0531）82098479　82098476（传真）
　　网　　址　http：//www. hbcbs. com. cn
　　电子信箱　hbcb@ sdpress. com. cn
印　　刷　北京山华苑印刷有限责任公司
规　　格　165 毫米 ×225 毫米
　　　　　　12 印张　40 幅图　112 千字
版　　次　2014 年 3 月第 1 版
印　　次　2014 年 3 月第 1 次印刷
定　　价　23.50 元

序 言 PREFACE

月是故乡明

"中国梦　家乡情"丛书出版了,可喜可贺!

对家乡故土的眷恋可以说是人类共同而永恒的情感,对家乡和祖国充满热爱与牵挂,更是具有深厚文化底蕴和历史积淀的中华民族传统美德。

"乡愁是一枚小小的邮票,我在这头,母亲在那头。"台湾著名诗人余光中的《乡愁》诗曾在海峡两岸同胞心中激起强烈的共鸣。诗人把对亲人、家乡、祖国的思念之情融为一体,表达出远离故乡的游子渴望叶落归根的浓郁而又强烈的家国情怀。纵览历史长河,历代志士仁人留下了多少对家乡魂牵梦萦的不朽诗篇,激励着一代代中华儿女的爱国思乡情怀。李白的"举头望明月,低头思故乡",杜甫的"露从今夜白,月是故乡明",无一不是抒发浓浓的思念故土之情。

民族传统文化是一条奔流不息的长河，从古至今绵延不绝。家乡是一棵枝繁叶茂的大树，守护着我们的生命，铭记着我们的归属。而薪火相传的家乡文化则是一方沃土，拥有着最厚重、最持久、最旺盛的生命力，滋养着一代又一代的青少年茁壮成长。中国有着九百六十万平方公里的土地和辽阔的领海，山河壮丽，幅员辽阔，物华天宝，人杰地灵。不同的地域有着不同的源远流长的家乡文化，辉煌灿烂，博大精深，特色鲜明，各有千秋。

一方水土孕育一方文化，一方文化影响一方经济造就一方社会。在中华大地上，不同地域有着不同的自然地理环境、民俗风情习惯、政治经济情况，形成了各具特色的地域文化。中国是世界上最古老的文明国家之一，有着几千年光辉灿烂的文明历史，行政区划的历史也十分悠久。从公元前688年的春秋时期开始置县，中国的行政区划至今已有2500多年的历史。作为最高一级的行政区划单位，省级行政区域的设立和划分起源于元朝。后来不同朝代和历史时期多有调整，到目前为止，我国共有23个省，5个自治区（自治区是中国少数民族聚居地方实行民族区域自治而建立的相当于省的行政区域），4个直辖市（直辖市是人口比较集中，在政治、经济、文化等方面具有特别重要地位的省级大城市），2个特别行政区（特别行政区与省、自治区、直辖市同属直辖于中央人民政府的地方行政区域）。此外，台湾作为一个省份，也是中国领土不可分割的组成部分。这套丛书即是以省级行政区划为单元分册编写的。

　　这套丛书以青少年为阅读对象，力求内容准确可靠，详略得当，行文通俗，简洁流畅，注重知识性、趣味性、可读性，让青少年较为系统地了解家乡的自然环境、山川河流、资源物产、悠久历史、杰出人物、文化遗产、民俗风情、名胜古迹、经济建设等方面的情况，感受祖国各地的家乡之美。通过这些文化元素的熏陶，培养青少年对祖国和家乡的朴素感情，引导青少年热爱生于斯、长于斯的这片沃土，陶冶情趣，铸造性情。希望广大青少年认真阅读，汲取这套家乡文化读本中的精华，进而树立热爱家乡、热爱祖国的决心和信念，为建设家乡、建设祖国贡献力量。

（原新闻出版总署署长）

2014 年 2 月 6 日

目 录 CONTENT

第七章　为八桂喝彩　——改革开放中的广西

第一章

广西的自然环境

　　广西壮族自治区属山地丘陵性盆地地貌，全区内有中山、低山、丘陵、台地、平原、石山6类地貌，表现为盆地大小相杂，山系多呈弧形，层层相套，丘陵错综，平地多为河流冲积平原和溶蚀平原，石灰岩地层分布广，呈现喀斯特地貌。

∧ 广西地貌

第一节 自然环境概述

一、地形地貌

广西南临北部湾,面向东南亚,西南与越南毗邻,东邻粤、港、澳,北连华中,背靠大西南。广西周边与广东、湖南、贵州、云南等省接壤。广西是我国5个少数民族自治区之一,我国与东盟之间唯一既有陆地接壤又有海上通道的省区,华南通向西南的枢纽,全国唯一的具有沿海、沿江、沿边优势的少数民族自治区。

广西处于被称为中国地势第二级阶梯的云贵高原的东南边缘,两广丘陵的西部,南边朝向北部湾。整个地势为四周多山地与高原,而中部与南部多为平地,因此地势自西北向东南倾斜,西北与东南之间呈盆地状,素有"广西盆地"之称。位于自治区中部的贵港市拥有广西最大的平原"浔郁平原"。

广西壮族自治区属山地丘陵性盆地地貌。全区内共计有中山、低山、丘陵、台地、平原、石山6类地貌,表现为盆地大小相杂,山系多呈弧形,层层相套,丘陵错综,平地多为河流冲积平原和溶蚀平原,石灰岩地层分布广,呈现喀斯特地貌。

广西境内主要为盆地边缘山脉和盆地内部山脉两类,属于山陵地区,东北部有处于南岭地带的越城岭和海洋山,中部则有大瑶山和大明山,北部有都阳山和凤凰山,东南部有云开大山和十万大山。

知识小百科

乐业——凤山世界地质公园

中国乐业—凤山世界地质公园位于广西西北部云贵高原向广西盆地过渡的斜坡地带，总面积930平方公里。公园的典型块状岩溶区内发育有两大地下河系统，形成了成熟的高峰丛地貌。公园内拥有全球最大的天坑群、最集中分布的洞穴大厅群、天窗群、最大跨度的天生桥、典型洞穴沉积物、最完整的早期大熊猫小种头骨化石以及独特天坑生态环境保留的动植物多样性，具有重要的科学研究意义以及极高的美学观赏价值。

< 乐业—凤山世界地质公园

二 广西气候

广西地处低纬度，北回归线横贯全区中部，属亚热带季风气候区。主要特征是夏天时间长、气温较高、降水多，冬天时间短、天气干暖。年平均气温21.1℃。最热月是7月，最冷月为1月。桂南防城，桂中金秀、昭平，桂东北的桂林和桂西北的融安为多雨中心，年降雨量均在 1900 毫米以上。桂西左、右江谷地和桂中盆地是主要旱区。

广西的气候有以下特征：

降水丰沛，干湿分明。广西是全国降水量最丰富地区之一。各地年降水量均在 1070 毫米以上，大部分地区为 1500—2000 毫米。其地域分布具有东部多，西部少；丘陵山区多，河谷平原少；夏季迎风坡多，背风坡少的特点。受冬、夏季风的交替影响，广西降水量的季节变化不均，干湿季分明。4—9 月为雨季，其降水量占全年降水量的 70%—85%，容易发生洪涝灾害；10—3 月为干季，降水量仅占年降水量的 15%—30%，干旱少雨，易引发森林火灾。

热量丰富，四季宜耕。广西地处中南亚热带季风气候区，气候温暖，热量丰富。各地年平均气温 16.0—23.0℃，等温线基本上呈纬向分布，气温由北向南递增，由河谷平原向丘陵山区递减。各地累年极端最高气温为 33.7—42.5℃，累年最低气温为 -8.4—2.9℃。广西日平均气温 ≥ 10℃积温，是全国最高积温省区之一。如此丰富的热量资源，为各地因地制宜发展作物多熟制，提供了有利的条件。

三、广西水文

广西河流众多，水力资源丰富。西江是区内最大的河流。西江支流桂江的上游称漓江，与湘江间有秦时开凿的灵渠相通。区境中部有较宽广的平原——郁江平原、浔江平原和玉林盆地等。这里地势平坦，土质肥沃，是粮食和甘蔗的主要产区。东南部海岸线曲折，港湾与洁净海滩交错，景色宜人。

广西境内河流总长约 3.4 万公里。集水面积 1000 平方公里以上的地表河有 69 条，水域面积约 8026 平方公里，占陆地总面积的 3.4%，喀斯

特地下河有 433 条，长度超过 10 公里的有 248 条。境内地表河分别属于珠江的西江水系、长江洞庭湖水系、沿海诸河流、百都河红河水系、地下河水系。主要有南盘江、西江、红水河、左江、右江、柳江、黔江、郁江、浔江、桂江、南流江、钦江、北仑河、漓江等；地下河有坡心河、地苏河等。其中，西江流域从西向东贯穿广西，然后进入广东，抵达珠江三角洲。南部诸河流注入北部湾，西南有属于红河水系的河流流入越南。广西河流水量大，水力资源充沛，已经建有多座水电站。

　　广西岩溶地貌较为发育，地表水与地下水能相互转化，数量比较稳定。但由于河流主要以雨量补给类型为主，各地降水分布不均，另外，出入境、入海水量比例不协调，加上受西南暖湿气流和北方变性冷气团的交替影响，干旱、暴雨洪涝气象等灾害较为常见，因此广西境内的水资源总量并不稳定。

四、广西历史变迁与行政区划

　　桂林甑皮岩人遗址说明距今约 1 万至 6000 年前，广西古人类已开始从事原始的农业、畜牧业和制陶业。秦始皇嬴政统一岭南后，今广西地域主要分属于桂林郡和象郡，这是广西最早纳入到统一的中央王朝版图。汉初，建立南越国，今岭南地区包括广西大部分隶属于南越国。汉武帝平定南越，苍梧广信（今梧州）成为交趾刺史部9郡的行政中心。唐咸通三年（862年），分岭南道为岭南东道和岭南西道，这是广西最早成为一级独立政区。宋代，先后发生了区希范起义、侬智高起兵反宋、李接起义等反抗宋王朝的事件。元朝统治广西基本上着重于军事控制；至正二十三年（1363年），设置广西行中书省，为广西建省之始。明朝是封建社会广西经济开发最有成效的时期，文化教育与中原地区的差距也日渐缩小。清朝时期，推行省、府、州、县四级区划制，复设广西省，省会驻桂林府（今桂林市）。广西全省划分为11个府、2个直隶厅、2个直隶州，分别统辖各州市县。11个府是：桂林府、柳州府，庆远府、思恩府、泗城府、平乐府、梧州府、浔州府、南宁府、太平府、镇安府；2个直隶厅是：上思直隶厅、百色直隶厅；2个直隶州是：郁林直隶州、归顺直隶州。此外廉州府、钦州直隶州，均属广东省。荔波县原属广西省，清世宗雍正十年（1732年）划归贵州省统辖。清末，今广西境内设有13府、4州、44县、34土州、6土县、10土司和3长官司。

辛亥革命结束了清王朝，1912年成立中华民国。民国期间，广西沿袭清朝称省，地域与清朝大致相同。民国元年，直隶州、厅均改为府，全省划分为10府：桂林府、平乐府、柳州府、庆远府、梧州府、浔州府、南宁府、太平府、镇安府、思恩府，分别统辖各县。

民国二年（1913年）撤销府制，由省直接统辖各县。民国六年，全省划分为6道：桂林道、柳江道、南宁道、苍梧道、镇南道、田南道，分别统辖各县。始自明清的对土官管辖区的改土归流措施，至民国十八年全部完成，全部土州、土县改设新县。民国十五年，根据军政合一的原则，废除道制，把全省划分为若干区。民国十九年，全省划分为12个民团区。民国二十三年，改民团区为行政监督区。在此期间，广西为新、旧桂系军阀统治达28年之久。民国三十三年，全省划分为8个区，辖99县，外加1个直辖市和1个设治局。

民国三十八年（1949年），截止中华人民共和国建立前夕，全省划分为1市、15区、99县。钦州、合浦、灵山、防城仍属广东省统辖。自广西设省起，直至民国时期，省会绝大部分时间在桂林，仅民国元年至民国二十五年（1912年—1936年）迁于南宁。

1949年12月11日，中国人民解放军攻占镇南关，广西战役结束，全省解放。中华人民共和国初期设广西省，省会设在南宁。

1952年12月10日，在邕宁、宜山、百色3个专区成立桂西僮族自治区；1956年3月改为桂西僮族自治州；1956年10月，中共中央提出了建立广西僮族自治区的倡议，1957年6月国务院作出关于建立广西僮族自治区的决定，并在同年7月召开的第一届全国人民代表大会第四次会议上通过相应的决议。1958年3月5日，广西第一届人民代表大会第一次会议召开，宣告广西僮族自治区成立。

此后，广西境内的行政区划虽时有变动，但自治区一级的建置未改变。1965年10月12日，经国务院批准，广西僮族自治区更名为广西壮族自治区。

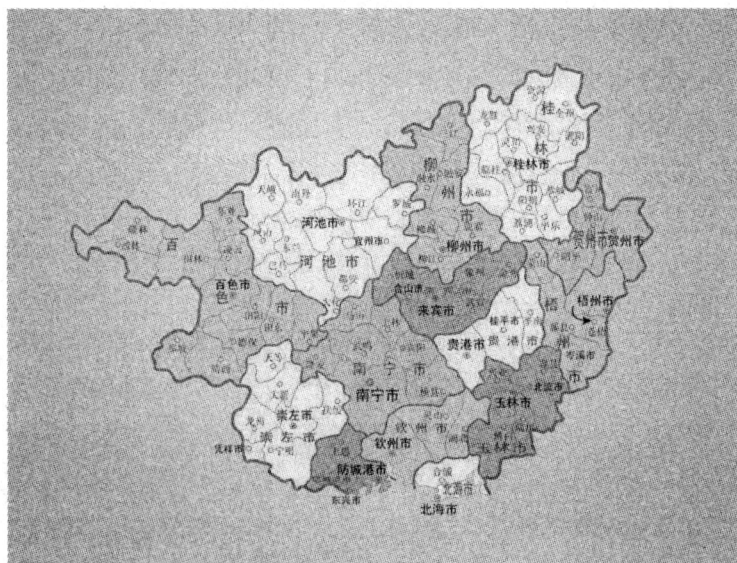

< 广西政区图

第二节　那山

一　大明山

　　大明山，原名大鸣山，位于广西壮族自治区武鸣县东北部，红水河和右江之间，上林、武鸣、马山3县交界处。西北—东南走向，长约60公里，

大明山 >

广西的自然环境

宽约 25 公里，自然保护区总面积约六万五千公顷。北回归线正好穿过大明山中部，是全国最大最高的北回归线标志园。大明山风景秀丽，旅游资源丰富，类型多样。具有雄、险、秀、幽等景观特色，古今许多文人墨客都做诗咏诗称赞，人们称之为"广西庐山"。大明山群峰耸竖，远望好像山上没有一块平地，其实大明山上有许多山间平地。当地人把这种山间平地叫"天坪"。天坪的植被也非常奇异，天坪的周围都是高大的乔木或丛生的灌木，而草坪中却一棵树也不长。由于地势和气候的特殊条件，这里保留有大面积的天然生态系统，有丰富的植物资源和各种珍奇动物，是广西珍稀动植物的宝库。

大明山的隆起和断裂，使大明山成为岩浆活动地带，生成了许多奇异的矿产。丰富的铜矿蕴藏使大明山地区成为广西最早的冶铜基地，孕育出壮族最早的青铜文明。

二、大瑶山

大瑶山，又称金秀瑶山，历史上还被称为大藤瑶山、大藤山，位于广西中部偏东金秀瑶族自治县。延伸到象州、蒙山、平南等县境内。东北—西南走向，西与大明山合成广西弧形山脉。是桂江、柳江的分水岭。大瑶山主峰圣堂山，为大瑶山丹霞式刚棱削面塔柱地貌。前来寻幽揽胜的游人，无不赞叹圣堂山峰峦怪石之神奇、诡秘，称道圣堂山真乃"人间仙境"。除了主峰圣堂山，还有雄奇灵秀的莲花山、神秘幽静的老虎潭峡谷等。大瑶山一带集中了世界上最多的瑶族人口。这里形成了五彩缤纷的瑶族风情，有着纯朴的民风和奇特的民俗，尤以瑶族民间歌舞最为丰富多彩，颇有意趣。大瑶山旅游资源景观丰富，是理想的旅游观光和避暑胜地。大瑶山风景区主要游览景观有"莲花山景""圣堂山景区""老山原始森林景区""天堂山景区"香草湖和"民俗村"等。

大瑶山 >

三、猫儿山

广西猫儿山自然保护区，属于具有国际意义的陆地生物多样性关键地区——南岭山地的组成部分。猫儿山山体古老，地形复杂，气候温和，水源充足，土壤肥沃，植物种类繁多。猫儿山自然保护区主要保护对象为原生性亚热带常绿阔叶林森林生态系统、国家保护的动植物物种、漓江源头水源涵养林。猫儿山自然保护区被誉为动植物的天然王国，是一座名副其实的天然绿色水库和物种基因库，没有受到污染和破坏的重点森林和野生动物自然保护区。

猫儿山自然保护区融"泰山之雄，华山之险，黄山之美，峨嵋之秀"，猫儿山因顶峰一花岗岩巨石形似蹲伏的猫头而得名。猫儿山为越城岭主

　　　　　　　　　　　　　　　　　　　　　广西的自然环境

<猫儿山

峰，海拔 2141.5 米，以华南第一高峰的雄姿耸立在桂林市兴安县华江瑶族乡境内。

四、十万大山国家森林公园

十万大山国家森林公园位于广西防城港市上思县境内，园内分布着完整的原始状态的亚热带雨林。十万大山是广西壮族自治区西南部重要气候分界线，山脉呈东北—西南走向，西南伸入越南，长 170 多公里，宽 15 公里—30 公里。主峰莳良岭高 1462 米，是桂南最高点。森林面积近 500 万亩，其中原始森林 60 万亩，设有"十万山水源林自然保护区"和中国茶族皇后"金花茶保护区"。山上的名胜奇景有仙灶、仙洞、仙桥、仙盆、仙台、映天池、弄怀岩、通天岩等，还有瀑布和温泉。在十万大山国家森林公园内可以饱览雄、秀、奇、险、幽、旷为一体的自然景观。

∧ 十万大山国家森林公园

第三节　那水

一、漓江

漓江位于广西壮族自治区东部，属珠江水系，发源于"华南第一峰"越城岭猫儿山。漓江上游主流称六峒河；南流至兴安县司门前附近，东纳黄柏江，西受川江，合流称溶江；由溶江镇汇灵渠水，流经灵川、桂林、阳朔，至平乐，汇入西江，全长437公里。从桂林到阳朔约83公里的水程，称漓江。

∧ 漓江

二、西江

西江是珠江广西段的名称,主流南盘江发源于云南省沾益县马雄山,在黔、桂两省边境与北盘江汇合称红水河,向东南流到象州石龙附近与北岸柳江汇合以后称黔江,在桂平与西南来的郁江汇合后称浔江,到梧州与西北来的桂江汇合后始称西江。全长 2129 公里,流域面积 345700 平方公里。

西江在石龙以上为上游,流经石灰岩地区,河床深切,滩多水急,落差大,又多伏流。北盘江上的黄果树瀑布水头高达 70 米。石龙至梧州为中游,多峡谷和浅滩。梧州以下为下游,河道宽阔。出高要、羚羊峡

我爱广西

∧ 西江

进入珠江三角洲，在三水同北江相遇。三水以下水流分散，主流经磨刀门入海。

三、资江

　　资江，俗称资水，发源于华南第一峰猫儿山东北麓，资水漂流河段自资源县县城下游 5 公里至梅溪乡胡家田，全程 22.5 公里，既有自己别具一格的雄伟险峻，又有桂林漓江的清纯秀丽。著名诗人贺敬之盛赞"资水漂流，华南第一"。资江两岸植被保护良好，流量、流速相对稳定，似一条玉带穿梭于奇山峻岭之间。行舟漂流资水河段，自然景色、人文景观融为一体，各具特色。往北，可攀援悬崖峭壁，往西，沿山崖石脚而上，蓦然抬首，顿见令游人称奇的"西面一线天"。往东，进入"天下第一药谷"——百万谷。

　　　　　　　　　　　　　　　　　　　　　　广西的自然环境

<资江

四、龙珠湖

龙珠湖名称幽雅，富有魅力。据考证，龙珠湖东面两公里处的大山村梁米山瓦窑头，有一马鼻泉，喷出的泉水高丈余，被誉为天然大龙泉。经过田龙村注入龙珠湖。龙珠湖面积300多亩，四周有九簇大石山环抱，状若九龙戏珠。水似、山似、形似，故名龙珠湖。

龙珠湖风景区是将山、湖、洞、寨连成一体的风景区，坐落在广西陆川县城北的珊罗镇田龙村，距陆川县城25公里，玉林市10公里，北流市25公里。与玉林市水月岩风景区毗邻，其山脉属勾漏山脉的分支，从北流市塘岸镇伸进陆川县珊罗镇田龙村，均属喀斯特地貌，方圆

龙珠湖 >

知识小百科

龙珠湖的传说

相传，在古代这里是一片荒芜之地，无湖无河，老百姓靠天吃饭。有一年，天大旱，晒到地上冒烟，老百姓只好烧香拜佛，向天求雨。一位老神仙路过此地，目睹惨状，涌起怜惜之心，急急作法，召来十条神龙。神龙落地，齐齐吐水，瞬间形成了水面宽阔的龙湖。湖水源源不断向干裂的土地流去，奄奄一息的庄稼死而复生，获得了丰收。天上玉皇大帝获悉此事，斥责老神仙及群龙目无尊长，私自下降凡间，降下圣旨严厉惩罚。老神仙就地免职，不得返回天宫。群龙纷纷落地，化成9座大石山，不得飞游别处。当时，小龙已潜入湖中，并未被天神发觉，避免了一场杀身之祸。为了纪念群龙功绩，小龙使出浑身解数，吐出两颗龙珠，一颗代表自己，另一颗代表其它9条龙，意味着龙湖是群龙喷水出力形成，后人改名为龙珠湖。

广西的自然环境

1500公顷。一座座石山拔地而起，山色灰灰，雾气蒙蒙，若隐若现，似群龙起舞，得名"龙岩"。龙珠湖，湖水不深，最深处不足3米，浅处一般2米左右，一年四季，季季如春，冬暖夏凉，水清见底，泛舟湖上，安全舒适。

五 榕杉湖

榕杉湖，又称阳塘，位于桂林秀峰区、象山区接合处，阳桥的两侧，西通桃花江，东通漓江。榕杉湖，是榕湖和杉湖的统称，在阳桥处相连，两湖自古就一直互通互连，如同姐妹，故得名。榕湖位于阳桥的西侧，向西通桃花江，东接杉湖，因湖岩生长古榕树得名。杉湖位于阳桥的东侧，向东通漓江，西接榕湖，因湖边长有杉树命名。

榕杉湖原为唐代护城河的一段，因位于桂林中心城的核心地段，在环城水系中最能体现"城在景中，景在城中"的山水格局。榕杉湖景区主要景点有：湖心亭、大榕树、黄庭坚系舟处、湖西庄、芙蓉亭、阳桥、朝霞亭、蘑菇亭、补杉亭等。

<榕杉湖

第二章

物华天宝——广西的物产

　　广西南部濒临的北部湾面积 12.93 平方公里，不仅是中国著名的渔场，也是世界海洋生物物种资源的宝库。北部湾生物资源种类繁多，举世闻名的合浦珍珠也产于这一带海域。

∧ 龙脊梯田

第一节　广阔肥沃的水能资源

　　广西为全国水资源丰富的省区之一。水资源主要来源于河川径流和入境河流，河川径流包含地表水和地下水排泄量，河川径流与地下水补给量之间存在相互转化的关系。广西多年平均水资源总量为 1,880 亿立方米，占全国水资源总量的 7.12%，居全国第 5 位。入境水量为 716.7 亿立方米。广西人均水资源量为 4,138 立方米，每公顷为 7.2 立方米，水资源开发利用程度河川径流为 23%，地下水为 9.2%。

　　广西全区流域集雨面积在 50 平方公里以上的河流共计 937 条，总面积为 236427 平方公里，其中集雨面积在 1000 平方公里以上的河流有 69 条。主要河流分属珠江流域西江水系，长江流域洞庭湖水系，桂南直流入海域与百都河红河水系。

　　西江流域主要河流有南盘江、红水河、黔浔江、郁江、柳江、桂江、贺江，西江流域总面积为 30.49 万平方公里，其中广西境内集水面积共计 20.24 万平方公里，占全流域集水面积的 85.7%，水资源总量约占广西水资源总量的 85.5%。

　　桂南沿海主要河流有南流江、大风江、钦江、防城河、茅岭江和北仑河。其中最大的河流为南流江。其次为钦江、防城河，北仑河为国际河流。沿海诸河直流入北部湾海域共计集雨面积为 23230 平方公里，占广西土地总面积的 10.2%。多年平均水资源量为 273.6 亿立方米（含百都河和粤西河源）。

　　南盘江为红水河主源，是珠江流域西江水系干流的源头。

<南盘江水利工程

　　南盘江水力资源丰富，理论蕴藏量 424.65 万千瓦，可开发装机容量 187.02 万千瓦，年发电量 92.83 亿千瓦时。南盘江的黄泥河河口水面高程为 780 米，至大藤峡坝址枯水水位高程降至 23.5 米，总落差达 756.5 米，其水电开发对本流域社会经济的发展有着十分重要的影响。1986 年时就规划：在安龙县境的天生桥修建装机 120 万千瓦的一级电站和 132 万千瓦的二级电站；在其下游修建 36 万千瓦的平班电站、540 万千瓦的龙滩电站、120 万千瓦的岩滩电站、60 万千瓦的大化电站、18 万千瓦的白龙滩电站、56 万千瓦的恶滩电站、50 万千瓦的桥巩电站、120 万千瓦的大藤峡等 10 座梯级电站，总装机容量达到 1300 多万千瓦。

　　南盘江干流已建主要水力发电站有天生桥一、二级水电站和岩滩水电站，在建的有龙滩水电站。云南境内已建主要水力发电站有柴石滩水电站、陆良大跌水电站，古宁水电站、沾益天生坝水电站，贵州境内的天生桥水电站、天生桥二级水电站等。

　　红水河

　　红水河自蔗香起经广西乐业、天峨、南丹、来宾等县，至象州县石龙镇与柳江汇合。

红水河的主要特点是水量丰富，落差大，水能蕴藏量大。全长 638 公里天然落差 762 米，年降水量 1200 毫米。黔江出口处多年平均流量每秒 4100 立方米，多年平均径流量 1360 亿立方米，占珠江流域年径流量的 39%，相当于黄河的两倍。其中天生桥至纳贡段河长 14.5 公里，集中落差达 181 米。平均每公里落差约 13 米，最大落差每公里竟达 50 米。充沛的水量，天然的落差，使红水河为人类造福提供了得天独厚的条件。自上游南盘江天生桥电站正常蓄水位 785 米，至下游大藤峡枯水位 23 米，可获得落差 762 米。全河段可开发水力资源 1108 万千瓦，年发电量 600 多亿千瓦小时。

第二节　储量丰富的矿产资源

广西壮族自治区矿产资源丰富，是中国 10 个重点有色金属产区之一。目前境内已经发现了锰、铝、锡、铁、砷、膨润土、钒、钨、铟、铅、锌、锑、银等 145 种矿种，现已探明 97 种的矿藏储量。部分矿藏储量更是位于全国甚至世界前列，所以广西亦称"有色金属之乡"。

全国探明资源储量的矿种 212 种（含亚矿种），广西已探明 89 种，国民经济中的 45 种支柱性重要矿产，广西有 35 种。储量居全国首位的有锰、锡、砷、膨润土等 14 个矿种。锰和锡矿保有储量均占全国储量的 1/3；储量居全国第 2 位—6 位的有钒、钨、锑、银、铝、滑石、重晶石等 25 个矿种。

广西矿产资源总量虽丰富，但人均拥有量少。人均矿产资源保有资源储量潜在价值约 1.73 万元，居全国第 22 位；每平方公里国土占有量为 346.83 万元，居全国 24 位。保有资源储量潜在总值人均占有量大约是全国人均值的 19.74%，属于人均占有矿产资源偏少的省区。

广西矿产资源的分布有着明显的地域差异。桂南、桂东、桂中、桂西、桂北5个地域由于成矿地质条件存在明显差异，而形成了各自独特的矿产资源。

桂东以岩浆热液型矿产为主，是广西仅次于南丹的有色金属生产基地，同时也是广西花岗岩、大理岩石材生产基地。

桂南以沉积矿产和岩浆热液型矿产为主，分布有黑色金属、有色金属以及部分非金属矿产，其中锰、钒、钨、钪、石膏、高岭土、膨润土等储量居广西之首。同时也是广西油气远景区。

桂西以岩浆热液型矿产和接触交代—高温热液型矿产为主，蕴藏着丰富的有色金属和贵金属，是广西有色金属和贵金属生产基地。

桂北蕴藏着较为丰富的沉积矿产和岩浆热液型矿产，广西境内已探明资源储量的铁、铌、钽、滑石大部分分布于该地区，也是广西钨、重晶石的主要产地。

桂中以沉积矿产、接触交代—高温热液型矿产为主，分布有能源矿产、黑色金属矿产和冶金辅助原料矿产、化工原料矿产、建材以及其它非金属矿产。其中石灰岩、白云岩矿、煤矿是本区的优势矿种。

第三节 得天独厚的海洋资源

广西沿海地区位于北部湾北部，处于我国18000多公里大陆海岸线最西南岸段海域，以英罗港为起点，沿铁山港、北海港、大风江、钦州湾、防城港、珍珠港等沿岸，西对北仑河口，沿海有北海市、钦州市、防城港市等三个地级市，构成新月形中枢地带。广西沿海地区面向东南亚、背靠祖国大西南，是西南出海大通道的门户，地理位置十分重要。再加上沿海

广西沿海风光 >

开放、民族区域自治等政策优势，以及宽松的投资环境，广西发展海洋经济具有十分有利的基础条件。

广西岛屿众多，500 平方米以上海岛 651 个，岛屿面积为 45.81 平方公里，岛屿岸线长 531.20 千米。这些岛屿上有多种资源，在海洋资源开发中占有重要的地位。

沿海可开发的大小港口 21 个，其中可开发泊靠能力万吨以上的有钦州港、铁山港、防城港、珍珠港、北海港等多处。沿海滩涂面积约 150 万亩，20 米水深以浅海域约 800 万亩。沿海滩涂生长有面积占全国 40% 的红树林，总面积 5654 平方公里。涠洲岛周围浅海生长有珊瑚礁，这两类重要的热带生态系具有极大的科研和生态价值。滨海地区矿产资源丰富，已探明的有 28 种，主要是石英砂矿、陶土矿、石膏矿、石灰石矿等。

曲折的海岸线和众多的港湾、水道使广西沿海地区素有"天然优良港群"之称。可开发泊靠能力万吨以上的有北海港、铁山港、防城港、钦州港、珍珠港等多处，可建 10 万吨级码头的有钦州港和铁山港等；除防城港、北海港、钦州港三个中型深水港口之外，可供发展万吨级以上深水码头的海湾、岸段还有10多处，如：铁山港的石头埠岸段、北海的石步岭岸段、涠洲南湾、钦州湾的勒沟、防城的暗埠江口、珍珠港等，可建万吨级以上深水泊位100多个。而且沿海港湾水深、不冻、淤积少，掩护条件良好，具有建港口的良好条件，开发利用潜力很大，随着南昆铁路的建成运行，作为海上通道口的港口建设将进一步加快。

广西沿海滩涂广阔，水质肥沃，生物品种繁多。在10万公顷的滩涂面积中，可养殖面积达6.67万公顷，占滩涂总面积的66.3%。广西沿海滩涂养殖具有较高经济价值的品种有文蛤、泥蚶和毛蚶、牡蛎、贻贝、瓜螺等贝类和方格星虫、沙蚕、窋蛏（竹蛏）、海胆、三尤梭子蟹、锯缘青蟹、对虾等。

广西南部濒临的北部湾面积12.93平方公里，不仅是中国著名的渔场，也是世界海洋生物物种资源的宝库。据调查，北部湾有鱼类500多种、虾类200多种、头足类近50种、蟹类190多种、浮游植物140种、浮游动物130种，其中儒艮、中国鲎、文昌鱼、海马、海蛇、牡蛎、青蟹十分著名，举世闻名的合浦珍珠也产于这一带海域。

< 广西海岸

北部湾渔场

北部湾是我国著名的大渔场之一,有白马、西口、涠洲、莺歌海、青湾、夜莺岛、昌化等10多个渔场,是我国的传统渔区。北部湾生物资源种类繁多,有鱼类500多种,虾类200多种,头足类近50种,蟹类190多种,还有种类众多的贝类和其他海产动物、藻类。据有关资料,北部湾水产资源量为75万吨,可捕量为38—40万吨。其中:中国鲎、文昌鱼、海马、海蛇、海牛、海星、沙蚕、方格星虫等属于珍稀或重要药用生物。自古闻名于世的合浦珍珠就产自这一海域。

∧ 北部湾渔场

物华天宝——广西的物产

第四节　驰名中外的土特产品

一、"土特产仓库"

广西被称为"土特产仓库"，有食用价值的土特产达一千二百多种。其中经济价值较大的有八角、茴油、桂皮、桂油、沙田柚、菠萝、香蕉、柑橙、龙眼、荔枝、罗汉果、白果、松脂、栲胶、紫胶、烤烟、茶油、桐油、毛竹、篙竹、兰麻、茶叶、蚕茧、云木耳、香菇以及捕捞养殖方面的珍珠、蛤蚧、果子狸、山瑞、蛇类。此外，中草药也很多，如田七、茯苓、金银花、千斤拔、鸡血藤、苦草等。

<金银花

广西主要土特产品有驰名中外的"恭城月柿"、椪柑、沙田柚、槟榔芋、红瓜子、黄笋。恭诚水果已实现规模化生产。产量大，品质优，是全国无公害水果生产示范基地县，被国家农业部授予"中国月柿之乡"、"中国椪柑之乡"称号。

广西的水果有七百多个品种，以柑橙、荔枝、菠萝、香蕉、龙眼、沙田柚种植较多，沙田柚是柚类中的优良品种，产量居全国第一位。香蕉、菠萝产量居全国第二位，荔枝、龙眼居全国第三位。一些经济作物产品及其制品，在国内外市场享有一定的声誉，如沙田柚、罗汉果畅销于港澳、欧美等地，菠萝、荔枝、柑橘等水果行销全国。

二、中国月柿之乡

恭城月柿盛产于广西恭城县，其中又以莲花镇种植最多，已有近千年的栽种历史。果肉脆嫩、清甜爽口，富含人体所需的高蛋白质和各种维生素、微量元素、钙、铁含量高，营养丰富全面，对治疗胃病、降低血压等疗效

恭城月柿 >

明显。恭城月柿果型美观、色泽鲜艳、个大皮薄、肉厚无核。鲜柿味甜可口、冻柿清香甜蜜，柿饼甘柔如饴、形似圆月，肉红透明、肉质柔软、清甜芳香。

1996年，国家农业部授予恭城为全国唯一的"中国月柿之乡"光荣称号。恭城月柿在2000年荣获中华果品流通协会"中华名果"荣誉称号。该果可制成柿饼，形状如月，故称月柿。

三、中国椪柑之乡

恭城瑶族自治县位于广西东北部、桂林市东南部，环境优美，气候温和。恭城东、西、北部三面环山，中间为河谷、草地、丘陵。

恭城椪柑推广使用沼气液肥、沼渣及农家肥，具有果大皮薄，色泽鲜艳、肉质脆嫩、汁多化渣、清甜可口、风味独特等优点。富含蛋白质及钙、磷、铁等人体新需的营养物质，经常食用可降低人体中的胆固醇含量，排泄体内的有害物质，能促进人们的身体健康。1996年恭城获"中国椪柑之乡"荣誉称号。

< 椪柑

四、中国黑山羊之乡

马山黑山羊因全身黑毛，生长发育快，板肉厚满，皮毛质软细小，瘦肉率高，肉质鲜嫩，味美膻气少，香甜可口，营养价值高等独特之处，在中国东南沿海一带及港澳台地区享有较高声誉。是专供香港的优质山羊品种。

1992 年，广西中医药研究所的专家对马山黑山羊的生长环境及品种资源进行考察后，对其药用价值作出了肯定，并指出了马山黑山羊的 28 种药用方向，测定出马山黑山羊的羊胎素等主要药物成份的含量均高于其他的山羊品种。

马山黑山羊的发展得到世人的认可。2003 年，该县在广西壮族自治区工商局注册"南宁黑山羊工贸股份有限公司"，公司设计的"黑山羊"商标已依法受到保护，并向中国品牌保护中心和国家质检总局申请"中华品牌——马山黑山羊"、"马山黑山羊原产地"标识，将"马山黑山羊"列为国家级知名品牌进行评价、保护。

马山黑山羊 >

2003 年 6 月，正式获得中国特产之乡推荐评定委员会授予"中国黑山羊之乡——马山县"称号！获得国家质检总局授予的"马山县黑山羊原产地"标识。至此，马山黑山羊品牌走出广西，走出中国，走向世界。

五　罗汉果

罗汉果被人们誉为"神仙果"，是我国特有的珍贵葫芦科植物，素有良药佳果之称。主要产于桂林市临桂县和永福县的山区，是桂林名贵的土特产。果实营养价值很高，含丰富的维生素 C 以及糖甙、果糖、葡萄糖、蛋白质、脂类等，用途广泛，畅销国内外市场，在国际市场上享有很高的声誉。

广西永福县是正宗的罗汉果发源地和主产地，至今已有 200 多年的种植历史和一套完整成熟的种植加工技术。现全县罗汉果种植面积达 35000 多亩，年产果近 2 亿个，其中 70％以上罗汉果都集中在该县龙江乡境内。

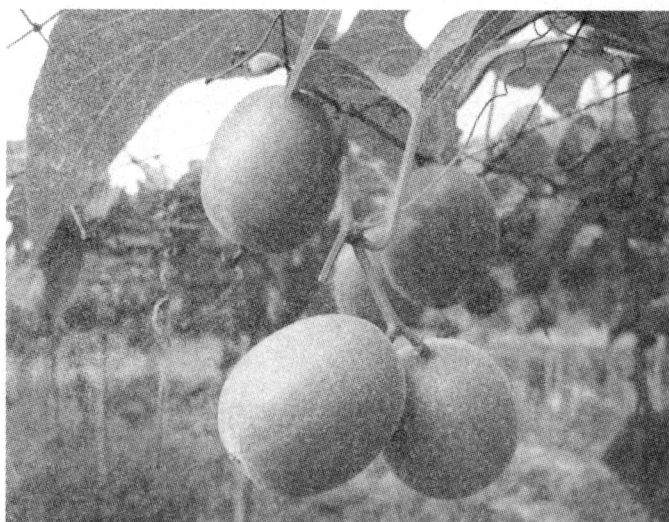

< 罗汉果

1995 年永福县被国家农业部命名为"中国罗汉果之乡"；2000 年被桂林市认定为 1 号名牌农产品，在 2001 年中国国际农业博览会上永福罗汉果被授予名牌产品称号。永福罗汉果原果及其制品已远销日本、美国、新加坡等二十多个国家和地区。

六　容县沙田柚

　　沙田柚，数广西容县沙田所产最为出名。桂林市临桂县、阳朔县一带，土壤肥沃，排水良好，与容县沙田村的土质类似。种出的柚子无论形、色、香、味都和沙田村产品差不多，因此人们把临桂县、阳朔县一带产的柚子，也统称为"沙田柚"了。沙田柚作为广西传统的出口果品之一，早在上世纪 30 年代就远销香港、南洋、欧洲和美洲等地，在国际市场竞争力很强。

　　容县沙田柚是我国柚类中独树一帜的优良品种。果大形美、味甜蜜、耐贮藏，果实为葫芦形和梨形，果蒂部呈短颈状；果底常有古铜钱大的环

容县沙田柚 >

　　　　　　　　　　　　　物华天宝——广西的物产

沙田柚的传说

相传旧时容县沙田村有个在外地做官的夏纪纲带回两株杨核子苗，种植于塘边肥沃的土壤上，并嘱家人精心护理。杨核子本来又酸又涩，为了改变果子品质，经过苦心栽培，终于培育成脆嫩香甜、蜜味可口的果子。后来皇帝出巡来到夏纪纲做官的地方，夏纪纲便把这种果子献给皇帝。皇帝吃后，不禁连声称赞："好吃，好吃！"并召见夏纪纲，询问是何佳果。夏纪纲回答说："叫杨核子。"皇帝道："此果名字不佳，应另取果名。"一位大臣在旁说，夏官家在沙田，千里迢迢，邮送佳果献给皇上，依臣愚见，邮由同音，又因此果为乔木所生，用木旁的"柚"，称为"沙田柚"合适。皇帝听罢，龙颜大悦，随口赞道："沙田柚，沙田柚，好，好！"

状印圈，内有放射沟纹，常称为菊花底或金钱底；单果重1000—1500克，果面金黄色；果肉虾肉色，汁饱脆嫩、蜜味清甜；10月下旬成熟，极耐贮藏，果实可贮藏150—180天，贮后风味尤佳，有水果珍品"天然罐头"之美称。

七、槟榔芋

槟榔芋是百合目，薯蓣科，薯蓣属作物。也叫荔浦芋，主产于广西，已有上千年历史。

槟榔芋形似椭圆，该品种外皮粗糙，剖而观之，内呈槟榔纹，故又名"槟榔芋"。每年惊蛰、春分时节开始种植，霜降时即可收获，每株有唯一的母芋及大小不等的小芋。槟榔芋是淀粉含量颇高的优质蔬菜，肉质细腻，具有特殊的风味，且营养丰富，含有粗蛋白、淀粉、多种维生素和无

槟榔芋 >

机盐等多种成分。具有补气养肾、健脾胃之功效，既是制作饮食点心、佳肴的上乘原料，又是滋补身体的营养佳品，清朝年间列为大清贡品，因而享有"皇室贡品"之称。

八、毛南族花竹帽

广西环江县毛南族花竹帽，是供毛南族妇女当雨具用的一种精美的手工艺品。毛南族称花竹帽为顶卡花，即在帽底编织花纹的意思。该花竹帽是用当地盛产的金竹和墨竹篾子编织而成的。工艺精致，花纹美观，帽形大方，结实耐用。

<花竹帽

知识小百科

毛南族花竹帽的传说

　　相传有个汉族青年，是个编织能手，他走到哪就用哪的竹子编织竹器卖，以此糊口度日。一天，他来到长满金竹和墨竹的毛南山乡，看见这么多好竹子，喜出望外，砍了些竹子，连夜编成一顶花竹帽。

　　第二天，他戴着这顶美丽的花竹帽继续上山砍竹，碰巧山上有个擅长编织的毛南族姑娘也在砍竹。天突然下起雨来，汉族小伙毫不犹豫地把花竹帽递给姑娘戴着挡雨，姑娘不好意思一个人戴，就与小伙子一起戴这顶花竹帽。雨停后，姑娘突然发现帽底编有精美的花纹，惊喜地说道，多美的顶卡花！

　　后来两人结为夫妇。在汉族青年帮助下，那位毛南族妇女把顶卡花编得更加精美了。从此，顶卡花就在毛南山乡流传开来。毛南族妇女把花竹帽看成是美好幸福的象征。

我爱广西

九、金花茶

金花茶，是我国特产的传统名花，也是世界性的名贵观赏植物。1960年，中国科学工作者首次在广西南宁一带发现了金花茶。金花茶的发现轰动了全世界的园艺界，受到了国内外园艺学家的高度重视，认为它是培育金黄色山茶花品种的优良原始材料。

金花茶经过现代医学的权威部门及相关的科研机构的测定，金花茶属无毒级、含有400多种营养物质，无毒副作用。富含茶多糖、茶多酚、总皂甙、总黄酮、茶色素、蛋白质、维生素 B1、维生素 B2、维生素 C、维生素 E、叶酸、脂肪酸、B-胡萝卜素等多种天然营养成分；金花茶含有茶氨酸、苏氨酸等几十种氨基酸，以及富含有多种对人体具有重要保健作用的天然有机锗、硒、钼、锌、钒等微量元素和钾、钙、镁等宏量元素。

金花茶 >

物华天宝——广西的物产

十、桂林三宝

三花酒、桂林腐乳、桂林辣椒酱并称桂林三宝。

桂林三花酒是中国米香型白酒的代表，以其历史悠久、工艺独特、品质优良而倍受中外游客的青睐，三花酒属米香型小曲白酒。

桂林三花酒历史久远，古时被称作"瑞露"，宋代来桂林做官的范成大饮后称赞"乃尽酒之妙"，可见对它评价很高。俗话说，"水是酒中之血，米是酒中之肉，酒曲是酒中之骨"。三花酒别具风味，广受人们喜爱。这要从它的"血、肉、骨"谈起。

水是"酒中之血"，美酒佳酿首先必须佳泉。漓江，特别是象鼻山下有江底深潭涌出的地下泉水，质地纯甘，无杂物怪味，含微量矿物质，为三花酒提供了优良的"酒中之血"；其次，漓江流域的良种大米，粒大饱满，

< 桂林三花酒

三花酒的传说

传说，天上象神为三花姑娘从瑶池盗回神曲，用漓江水酿出三花酒，被瑶池神将杀死，化为象山。玉帝觉得象神虽犯天规，然其心可鉴、其情可悯，谥为酒神，守护桂林。象山独特的自然环境为酿酒提供了得天独厚的条件。明代应天府通判张鸣凤称此处为"醉乡"，在象山脚下结庐而居，自号"漓山人"。

含淀粉率高达百分之七十二，是理想的"酒中之肉"；再者，市郊特产的曲香酒药草制成的酒曲，香气浓郁，是三花酒特有的"酒中之骨"。有了这些上好原料，再加上精工酿制，自然保证了三花酒的质量。三花酒酿成后，一般要装入陶瓷缸内，存放在石山岩洞中，过一两年，让它变成陈酿，使酒质更加醇和、芳香，然后才分装出厂。

桂林豆腐乳是以黄豆为主要原料制成的，有五香腐乳和辣椒腐乳两种。它的特点是皮薄肉嫩，质地柔细，味道鲜美，辣中有甜，甜中喷香，香中又能品辨出川椒、桂酊、八角、蒜泥以及三花酒的混合馥郁，味美无穷。

桂林腐乳历史悠久，清代诗人袁枚在《随园食单》中称赞说："广西白腐乳最佳。"现在则被誉为"腐乳中之上品"，畅销国内外，特别受港澳同胞和日本、东南亚人民的欢迎。

桂林豆腐乳制做工艺细腻严谨，从磨浆、过滤到定型、压干、霉化都有一套严格规章选材也很讲究。制出的豆腐乳块小，质地细滑松软，表面橙黄透明，味道鲜美奇香，营养丰富，增进食欲，帮助消化，是人们常用的食品，同时又是烹饪的佐料。做乳猪、扣肉、狗肉、红烧肉、白切鸡等，均宜用腐乳作配料，香味四溢。用以凉拌豆腐、皮蛋、椿芽、小笋等，更是风味别具，回味无穷。它质地细滑松软，味鲜而有异香，色呈淡黄透亮，

< 桂林腐乳

而且营养丰富。

桂林豆腐乳有辣椒豆腐乳、五香豆腐乳两大类。它们做法相同，而配料各异。

桂林腐乳有一套特殊制作方法：选优质黄豆做成质地较硬的豆腐，榨去水分制作寸许见方坯块，然后放入霉柜霉化。待坯块6面全部生长黄白色菌丝（霉毛），即拌和三花酒、盐及其它香料，置于坛或罐中腌制，1至2天后灌上等米酒使坯块全部泡浸，密封存于清凉干爽处4至6个月即成。成品腐乳为寸余见方，厚约6分的小块，表面呈胶状透明，色泽黄爽，奇香袭人。

桂林辣椒酱为桂林特产之一，有百年左右的历史。桂林酱料厂制的辣椒酱曾多次被评为自治区、桂林市优质产品和名牌产品，畅销东南亚各国。

桂林辣椒酱因配料有别而品种有异。以大蒜头为配料的是蒜蓉辣椒酱。再加入豆豉就成为豆豉辣椒酱，通常是选用优质红辣椒、大蒜头等剁碎，拌入豆豉，加入三花酒和细盐等，密封入坛，数月之后始成。桂林辣椒酱油润鲜辣，香醇可口，既可食用佐餐，还可作调味品用。

桂林辣椒酱 >

桂林辣椒酱的传说

    桂林当地有"冬至腊肉，夏至狗肉"的说法，每年冬至，家家户户都开始挂腊肉。

    那时有个姓王的人想到一个方法，他想，猪肉用盐来腌了就不会臭，可以放几个月，照样香鲜可口，为什么辣椒就不能用盐来腌呢？第二年，他就试着把新鲜辣椒整个地用盐腌了起来，过了两个月，他开坛一尝，嗯，味道不错！红爽爽的连点颜色都没变呢。只是那辣椒太大个了，有的还未进盐味。后来，老王又开动脑筋，把鲜辣椒剁碎来腌，那味道就更好了。不过，美中不足的是，那腌辣椒的味道太辣了，北方人不敢吃。怎么办呢？老王左想右想，忽然他想到北方人平时爱吃老蒜，接着他马上剁了几斤老蒜放进辣椒里。这样又过了一段时间，老王再打开坛，嘿，真香呀！左右隔壁的人闻着香味都跑来了，众人一尝，"啧啧啧，这味道真不错。"于是，老王就大方地给每个人舀了一碗回去。

后来，老王干脆腌老蒜辣椒来卖。由于是独门生意，不久就捞了一大笔钱，成了辣椒老板了。由于生意红火老王便扩大生产，腌了几大海缸的老蒜辣椒。可是刚腌到缸里不久，就遇到了连日的水南风，大缸里的老蒜辣椒开始出水了，稀啦啦的，老王挑了一点来尝，发现味道也有点酸了，怎么办呢？照着样子下去，是要赔大本的。他左想右想，没得什么好办法，弄得他吃不香，坐不安，睡不稳，只有两三天工夫，人就瘦多了。

　　一天，老王为了散散心就到一农家米粉店里吃米粉。这时，有个农民打扮的人在他对面坐了下来，也要一碗米粉。那农民吃了两口，把眉头皱了皱，便从衣袋里摸出一个圆圆的饼干来，边吃米粉边啃。到后来，他干脆掰了一半放进米粉碗里。那老王觉得奇怪，再看他碗里，只见红黑相杂，香味扑鼻，那红得自然是辣椒，那黑的又是什么呢？于是老王便和他搭起话来，经拐弯抹角地一问，才知道那人啃的是豆豉辣椒饼。那黑的便是发霉豆豉，因这东西放得久了，特别干爽，吸水力很强，掺到辣椒里稍稍烘一下，就成了豆豉辣椒饼。出门在外，想着时就拿出来吃点，开胃得很。听到这老王心里一动，把这霉豆豉放进那几缸老蒜辣椒里不是很好吗？于是他问道："老哥，你还有吗？给我尝尝。"那农民也大方，又拿一个给老王，他看了好一阵，把饼放进米粉碗里，拌匀了一吃，味道大不相同，真是色香味俱全，吃着，出了一头大汗，人也清爽了许多。最后，他一把拉住那农民，请他到工场里当了首席师傅。

　　经过一番重新加工，几大海缸眼看要坏了的老蒜辣椒，又变回香喷喷的辣椒酱了，从此，老霉豆豉拌老蒜辣椒——桂林三宝之一的辣椒酱出世了。

第三章

广西的历史

距今 3000 年左右，广西开始进入文明社会。从先秦至民国，广西地区人口活动频繁活跃，并设置了行政区划。广西还是我国一些重大历史事件如金田起义、黑旗军抗法、镇南关战役等的策源地和发生地，涌现出一批著名历史人物和杰出的壮族儿女。

∧ 百色起义纪念馆

第一节　柳宗元在广西

一、柳宗元其人

柳宗元（773 年—819 年），字子厚，世称"柳河东"，山西永济人。因官终柳州刺史，又称"柳柳州"。唐代文学家、哲学家、思想家，与韩

柳宗元像 >

唐宋八大家

　　唐宋八大家是唐宋时期八大散文作家的合称，即唐代的韩愈、柳宗元和宋代的苏轼、苏洵、苏辙（苏轼、苏洵、苏辙三人称为三苏）、欧阳修、王安石、曾巩（曾拜欧阳修为师）。（分为唐二家和宋六家）韩愈、柳宗元是唐代古文运动的领袖，欧阳修是宋代古文运动的领袖，三苏等五人是宋代古文运动的核心人物。他们先后掀起的古文革新浪潮，将古代散文史的水面搅了个天翻地覆，使得散文发展的陈旧面貌焕然一新。

愈共同倡导唐代古文运动，并称为"韩柳"。与刘禹锡并称"刘柳"。王维、孟浩然、韦应物与之并称"王孟韦柳"，是唐宋八大家之一。

二、永贞革新

　　安史之乱后，中央对地方失控，逐渐形成藩镇割据的局面；君主不信朝臣，宦官得以干政。肃宗时的李辅国，代宗时的程元振、鱼朝恩，以宦官执掌兵符，权力更大。德宗出奔奉天，因窦文场、霍仙鸣护驾有功，归以二人为神策中尉，宦官主管禁军遂成为制度。此后，宦官以军权在手，无所顾忌，干政益甚。

　　永贞元年（805 年）正月，唐德宗死，太子李诵即位，称为唐顺宗。他在东宫 20 年，比较关心朝政，从旁观者的角度对唐朝政治的黑暗有深切的认识。唐顺宗即位时已得了中风不语症，但还是立刻重用王叔文、王伾等人进行改革。顺宗任命王叔文为翰林学士，参与朝廷大政的决策。为了打击宦官势力，革除政治积弊，王叔文推行了一系列改革措施，史称"永贞革新"。

王叔文，王伾，一个以棋待诏，一个为翰林侍书待诏，原先都是顺宗在东宫时的老师，他们常与顺宗谈论唐朝的弊政，深得顺宗的信任。在顺宗即位后，他们和刘禹锡、柳宗元等人一起，形成了以"二王刘柳"为核心的革新派势力集团。他们维护统一，主张加强中央集权，反对藩镇割据，反对宦官专权。王叔文、王伾升为翰林学士，王叔文兼盐铁副使，推韦执谊为宰相，柳宗元为礼部员外郎，刘禹锡为屯田员外郎，共同筹划改革事宜。

革新的主要矛头对准当时最强大、最顽固的宦官势力和藩镇武装，所以革新派面对的阻力很大。因为实力掌握在宦官和藩镇手中，而革新派则是一批文人，依靠的是重病在身的皇帝，而皇帝基本上又是在宦官们的控制之中，所以，在必要的时候，宦官们随时都可以把改革派一网打尽。

由于顺宗下台、宪宗上台，革新失败，"二王刘柳"和其他革新派人士都随即被贬。宪宗八月即位，柳宗元九月便被贬为邵州刺史，行未半路，又被加贬为永州司马。这次同时被贬为司马的，还有七人，所以史称这一事件为"二王八司马事件"。

三、柳宗元与柳州

永州地处湖南、广东、广西的交界处，当时非常荒僻，是个人烟稀少令人可怕的地方。与柳宗元同去永州的，有他 67 岁的老母亲、堂弟柳宗直、表弟卢遵。他们到永州后，连住的地方都没有，后来在一位僧人的帮助下，在龙兴寺寄宿。由于生活艰苦，到永州未及半载，他的母亲卢氏便离开了人世。

柳宗元被贬后，政敌们仍不肯放过他。造谣诽谤，人身攻击，把他丑

<柳州柳侯祠

化成"怪民"，好几年后还骂声不绝。由此可见保守派恨他的程度。在永州，残酷的政治迫害，艰苦的生活环境，使柳宗元悲愤、忧郁、痛苦，加之几次无情的火灾，严重损害了他的健康，竟至到了"行则膝颤、坐则髀痹"的程度。贬谪生涯所经受的种种迫害和磨难，并未能动摇柳宗元的政治理想。他在信中明确表示："虽万受摈弃，不更乎其内。"

永州之贬，一贬就是十年，这是柳宗元人生一大转折。在京城时，他直接从事革新活动，到永州后，他的斗争则转到了思想文化领域。永州十年，是他继续坚持斗争的十年，广泛研究古往今来关于哲学、政治、历史、文学等方面的一些重大问题，撰文著书，《封建论》《非〈国语〉》《天照》《六道论》等著名作品，大多是在永州完成的。

唐元和十四年（公元819年）柳宗元在柳州病逝。第二年灵柩运回京兆万年县栖凤原。

第二节　历史悠久的广西土司

一、土司的定义

在桂西少数民族地区，宋王朝平侬智高起义后，成立许多土州、县、洞。这些土州、县、洞，社会经济，政治组织，文化制度以及民情风俗等

∧ 土司衙署大唐

都与流官的州县不同，故称为土司。司者主管其事。元、明、清各朝在少数民族地区授予少数民族地区首领世袭官职，以统治该族人民的制度。也指被授予这种官职的人。

土司制实质上是封建领主制，土官既是政治上的最高统治者，又是当地的大领主，掌握着军、政、财权，对农奴有"生杀予夺"之权。土司制建立了一套严密的统治机构，治理辖境的政治、经济、文化及诉讼、刑罚等。政治上依靠封建王朝，册封世袭，划疆分治，军事上实行土兵制度，以种官田、服兵役的方式，把农奴组织成土官武装，维持土官统治和供王朝征调。经济上，土官是辖境土地最高所有者，实行劳役地租、实物地租等经济剥削。文化教育方面，则不准土民读书和参加科举考试。

∧ 土司衙署内景

二、土司制度与广西

自元朝开始,广西地区开始实行土司制度。

土司制度亦称"土官制度",统治者在广西推行土司制度,其目的是"以夷治夷"。土司制度在唐宋时期称羁縻州制度,由中央王朝委任当地民族首领为府、州、县的文职土官,元朝加强了军事统治,设置宣使、宣抚使、安抚使、招讨使、长官司等武职土官。

明沿袭宋、元制度,并进一步完备了土官的考核、任免、贡纳、征调等制度。

明代为广西壮族地区土司全盛时期,太平、思明、镇安、庆远等皆为土府、土州、土县。明末清初土司制度走向衰落,清王朝在康熙、雍正和乾隆年间进行了大规模的"改土归流"。直至20世纪20年代末,土官制度才宣告结束。

广西地区的土司制度主要建立在今百色、南宁、河池、柳州等壮族和其它少数民族聚居地区,其它地区虽亦有土司、土官,但为数很少。

土司制度是一种封建领主制度,虽比封建制度落后,但在一定的历史条件下适合于少数民族地区,对少数民族地区生产力的提高、社会经济的发展,对加强民族间的交流和融合、捍卫多民族国家的统一均起了积极的作用。

广西地区土司制度存在数百年之久,如今广西仍有丰富的土司文化遗存,主要有墓葬、遗址和文物等。墓葬多为明清墓,一般由封土堆、墓室、墓围、祭台和神道等部分组成。有单葬也有合葬,葬式均为一次葬。明代土司墓封土堆多为馒头形或盔帽形,清代土司墓则多为字塔式或亭阁式。土司遗址则有古城遗址、衙门遗址、军事遗址、道路遗址、寺庙、塔、

<忻城县莫土司衙署

阁、桥梁、石刻等。文物则有玉器、铁器、金器、碑刻、石雕、印章等。这些文化遗产是研究壮族地区土司制度的政治、经济和文化的珍贵历史资料。

第三节　靖江王与靖江王城

一、靖江王

　　为巩固明朝朱姓的一统天下，朱元璋采取了"众建宗亲以藩王室"的政策，于1369年定封建诸王之制。1370年封诸王子为各地藩王。在22个藩王之中，其侄孙朱守谦被封为靖江王，1376年就藩桂林，因"淫虐于市"

激起"粤人怨咨"而被削爵，1392 去世。朱守谦削爵后，由其嫡子朱赞仪继位，1403 年就藩于桂林。此后，靖江王代代相传，朱佐敬、朱相承、朱规裕、朱约麒、朱经扶、朱邦苧、朱任昌、朱履焘、朱任晟、朱履祐以及朱亨嘉和朱亨歅共 14 任。孔有德于 1650 年（清朝顺治时期）攻陷桂林，自朱亨歅自尽，靖江王历史结束。

二、靖江王城

靖江王城位于桂林市市中心独秀峰下，广西师范大学内。为明代靖藩府城，又因南明永历帝朱由榔蒙尘曾驻跸在此，故又称"皇城"。1370 年朱元璋封其侄孙朱守谦为靖江王，就藩于此。洪武五年始建王府，洪武二十六年筑府城。府第建筑悉依藩王规制。

靖江王城南北长 556 米，东西宽 355 米，占地面积 19.78 万平方米，始建于公元 1392 年，其城垣全部采用巨型方整的料石砌成，城墙厚 5.5 米，高近 8 米。王城周围是 3 里长的城垣，内外以方形青石修砌，十分坚固。城开东南西北四门，分别命名为"体仁""端礼""遵义""广智"。坚城深门，气势森严。整个王城的宫殿建筑采取严格的中轴对称，"左祖右社、前朝后寝"的布局方式营造，中轴线上的承运门、承运殿高大华丽，气势非凡，体现了王权至上的思想。方城南面的正阳门，有清代两广总督为表彰连中"三元"的临桂人陈继昌而立的"三元及第"坊，东华门上的"状元及第"坊则是为道光年间新科状元龙启瑞而建，西华门上的"榜眼及第"坊是为同治年间榜眼于建章而建。

宋代时靖江王城称铁牛寺，元代改为大国寺，后又称万寿殿。朱守谦在明洪武五年（公元 1372 年）开始建府，历时 20 年才完工。桂林王城先后经历了 14 代靖江王，后来被清朝定南王孔有德所占而成为定南王府。清顺治九年，农民军李定国攻克桂林后，孔有德纵火自焚，使有 250 多年的王城化为焦土。现在王城尚完好，还有承运门、承运殿的台基、石栏和云阶玉陛供人游览。

宋高宗赵构、元顺帝妥欢孛儿只斤铁木尔登基之前，曾在独秀峰下居住，所以王城又被认为是潜龙之地。明靖江王以此地为奠王府基业，占尽桂林地利。王城建筑是典型的明代藩王府规制，以独秀峰为坐标的南北中轴线上，依次排列端礼门、承运门、承运殿、寝宫、御苑、广智门等主体建筑。中轴线东西侧的宫院楼宇均呈对称布局。从明太祖朱元璋侄孙朱守谦受封靖江王起，前后共有11代14位靖江王在此居住。清代王城改名为广西贡院，荟萃人才精英。民国时期，孙中山先生曾驻跸于此，运筹北伐大计；后为广西省政府，桂系领袖李宗仁、白崇禧的大本营。沧海桑田，经历600余年风雨的王城，虽屡遭兵变仍昂首屹立，是国内保存最完整的明代藩王府和国家重点文物保护单位。踏进王城，登上独秀峰，会感受到靖江王府当年的巍峨壮丽；目睹奇妙的自然风光与我国传统的建筑、园林艺术的完美结合；领略千年沉积的桂林山水文化与历史文化的丰富多彩。

< 靖江王城

我爱广西

状元及第坊

在靖江王城东华门上，原坊于道光二十一年（1841年）为新科状元龙启瑞建，毁于光绪二十六年（1900年）。在这之前，张建勋、刘福姚分别于光绪十五、十八年登上殿试第一甲榜首。在4年的两科中，桂林继唐代赵观文和陈继昌、龙启瑞之后，一连出两名状元，震惊了全国，"一县八进士，三科两状元"传为佳话。重建状元及第坊时，把4人的名字并列在坊前。

第四节 谢启昆与《广西通志》

一、谢启昆其人

谢启昆（公元1737—1802年），字良璧，号蕴山，又号苏潭。清乾隆初年出生于南康县城东街步坊后。他由科举入仕，历官编修、乡试主考、知府、按察使、布政使、巡抚等职，成为当时政绩卓著、清正廉明的省级长官，是著名学者、方志学家。

谢启昆出生于书香之家，从小受到严格的家学训练及正统的儒教熏染。其父亦为饱学之士，尤擅语言、文字、音韵、训诂，以教子有方闻名。谢启昆天赋聪慧，接受能力极强，加上刻苦自励，家学相传，故少时即品学

< 谢启昆像

兼优，受人称赞。16岁时，谢赴京入太学，24岁乡试中举，第二年会试获进士第八。乾隆二十六年（公元1761年），殿试钦取第一名，授翰林庶吉士，分习国书。

嘉庆四年（1799年）谢启昆任广西巡抚，在桂4年，兴利除弊，察吏安民。奖励垦田，山头地角，允许自行垦殖，免其赋税，严禁商人剥削瑶、壮，准许到少数民族地区经商，互通有无。注重水利，时兴安阳海堤坍塌数十丈，民田受淹万余亩，嘉庆五年（1800年）奏请修治陡河（灵渠），仿浙江海塘"竹篓囊石法"镶筑石堤，消除水患，便利交通灌溉。嘉庆四年（1799年），着手筹编《广西通志》，遍征晋唐宋明诸家门类体制，舍短取长，叙例25则，载录详明。嘉庆六年（1801年）书成，凡80册280卷，后人称为省志善本。他才华横溢，尤善为诗，公余宴游，题刻多处。

二、《广西通志》

　　1800年2月9日谢启昆开局主修《广西通志》，分五大类二十二小类，体例完备，一向推为史乘的典范。该书分为训典；郡县沿革、职官、选举、封建等四表；舆地、山川、关隘、建置、经政、前事、艺文、金石、胜迹

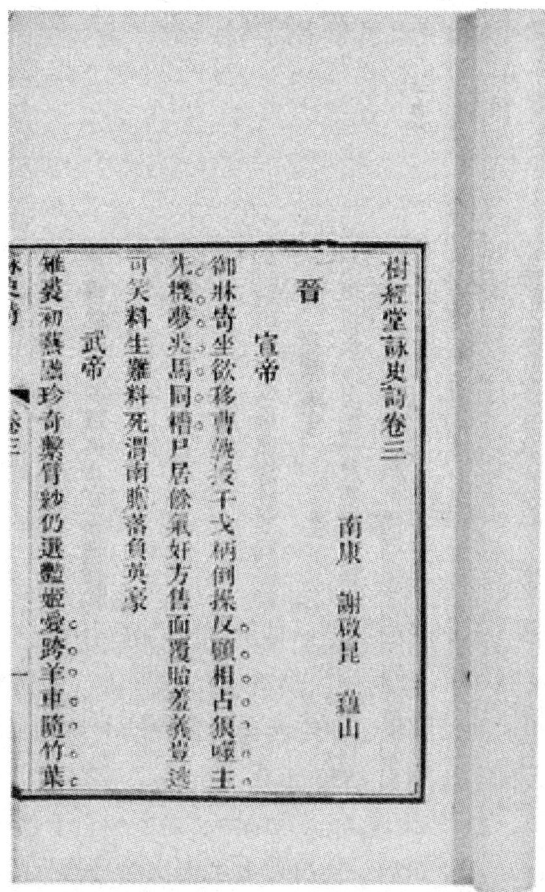

《广西通志》>

等九略；宦迹、谪宦等二录以及列传等，共十七目。各目之下，又视内容多寡酌分细目，如舆地略下分疆域、分野、气候、户口、风俗、物产等六目，建置略下分城池、廨署、学校、坛庙、梁、津等五目，艺文略下分经部、史部、子部、集部、杂记、志乘、奏疏、诗文等八目之类。其体例之精审完善远超前代，颇为学者所称誉。马丕瑶称其"体例最善，不冒史裁，遂为二百余年来官书创体"；况周颐誉其"体例精审，征引赅博，为各省志之冠"。

《谢志》存世刻本有清嘉庆六年刻本、有清同治四年补刊嘉庆六年本、清光绪十七年桂垣书局再补刻本、台湾文海出版社影印同治四年补刊本、广西人民出版社 1988 年点校本，共五种版本。

第五节　太平天国起义

一、太平天国简述

太平天国运动，是 19 世纪中叶中国的一场大规模反清运动。1850 年末至 1851 年初，由洪秀全、杨秀清、萧朝贵、冯云山、韦昌辉、石达开组成的领导集团在广西金田村发动对清朝廷的武力对抗，后建国号"太平天国"，并于 1853 年攻下金陵，号称天京（今南京），定都于此。1864 年，太平天国首都天京陷落，洪秀全之子兼继承人幼天王洪天贵福被俘虏。1872 年，最后一支打着太平天国旗号作战的太平军部队，翼王石达开余部

天王洪秀全雕像 >

李文彩，在贵州败亡。因清朝推行剃发易服，太平天国均不剃发、不结辫，
披头散发，故太平军一众均被称作"长毛"。

二、金田起义

1848 年初，冯云山被紫荆山蒙冲乡石人村地方团练以"聚众谋反"
罪名逮捕，送往广西桂平知县衙门囚禁。洪秀全前往广州欲以"传教自由"
为由，找上层关系营救。后冯云山被信徒集资贿赂桂平知县王烈，而得到
释放。

1850 年夏，洪秀全发布团营令，要求会众到广西桂平县金田村团营
编伍。同年年底，太平军先后在思旺和蔡村江与清军展开战斗，由此开始
了与清廷的武装对立，初以"太平"为号，后建国号"太平天国"，并实
行公有财产制。

1851 年 1 月 11 日，洪秀全生日，拜上帝会众万人在金田村"恭祝万寿"，
后世人将这一天定为金田起义纪念日。3 月 23 日，洪秀全在广西武宣登基
称太平王，后改称天王。

三、永安建制

1851年秋,太平军占广西永安州(今蒙山县)。12月在永安城分封诸王,封原中军主将杨秀清为"左辅正军师"东王,称九千岁,原前军主将萧朝贵为"右弼又正军师"西王,称八千岁,原后军主将冯云山为"前导副军师"南王,称七千岁,原右军主将韦昌辉为"后护又副军师"北王,称六千岁,原左军主将石达开为翼王,并诏令诸王皆受东王节制。太平天国在南王冯云山的构想基础上建立了初期的官制、礼制、军制,推行自创的历法——"太平天历"。

1852年(咸丰二年)4月5日,太平军自永安突围,北上围攻省城桂林,不克,继续北上,在全州蓑衣渡遭遇清军江忠源部拦截,冯云山被清军炮火击中,后伤重死亡。5月19日离开广西进入湖南省,克道州、郴州。8月,西王萧朝贵闻长沙兵力空虚,率偏师进攻长沙,9月12日在攻城时战死。洪秀全、杨秀清闻讯后急率主力来到长沙城下。但此时清方已重兵云集,太平军攻长沙近三个月仍未能成功,撤围北上攻克岳州。

< 广西桂平市金田镇太平天国全田起义前军指挥部遗址三界庙

我爱广西

四、定都天京与天京事变

1853 年 1 月 12 日，太平军攻克武昌，湖北巡抚常大淳举家自尽。太平军人数增至五十万（裹挟难民），3 月 19 日攻克江宁（今南京），两江总督陆建瀛阵亡。太平军将江宁改名"天京"并定都在此。

1856 年太平军攻破清军向荣的"江南大营"，解天京三年之围后，东王杨秀清见当时太平天国形势大好，便另有图谋。杨假装"天父下凡"迫天王将自己由"九千岁"封为"万岁"。北王韦昌辉在这时请求天王诛杀东王，天王不肯。后来，陈承瑢向天王告密，谓东王有弑君篡位之企图，天王密诏北王、翼王及燕王秦日纲铲除东王。

一直与杨秀清有矛盾的韦昌辉在 9 月 1 日到天京，与秦日纲在夜间入城，2 日凌晨偷袭东王府，杨秀清及其家人被杀。东王幕府部属、他们的家人及其他军民共 2 万多人亦被杀，史称"天京事变"。翼王石达开抵天京后，责备韦昌辉滥杀，二人不欢而散。石达开当夜逃出金陵城外。其后在天王洪秀全的密令下，韦昌辉尽杀翼王府中家属。

> 广西桂平市金田镇太平天国金田起义纪念馆

第六节　黑旗军抗法

一、黑旗军

黑旗军，我国 19 世纪末的一支地方武装，以七星黑旗为战旗，因以得名。前期主要军事行动为抗击清朝统治。1867 年清军的进攻迫使黑旗军进驻保胜（今越南老街）。后在抗击法国侵略越南（中法战争）的战争中多次取得胜利。将领刘永福（1837 年—1917 年）曾被越南国王授予三宣副提督之职，协同老将冯子材的部队，从根本上扭转了战争形势，迫使挑

< 刘永福塑像

起战争的法国茹费理内阁倒台。刘永福返回中国后被清廷下令解散黑旗军。甲午战争中黑旗军奉清政府命令重新编组，仍由刘永福率领，进驻台湾岛。后日军侵台，因战局受困，将士大多战死。

二、中法战争

法国侵略越南与觊觎中国，中国与越南山川相连，唇齿相依，自古以来关系密切。19世纪以前法国天主教势力已侵入越南。英法对华第二次鸦片战争期间，法国开始武力侵占越南南部，使越南南部六省沦为法国殖民地。接着就由西贡出发探测沿湄公河通往中国的航路，在发现湄公河的上游澜沧江不适于航行后，即转向越南北部，企图利用红河作为入侵中国云南的通道。

1873年11月，法国派安邺率军百余人侵袭并攻陷河内及其附近各地。越南国王阮福时请求当时驻扎在中越边境保胜地方的中国人刘永福率领的黑旗军协助抵抗法军侵略。同年12月，黑旗军在河内城郊大败法国，击毙安邺，法军被迫退回越南南部。

法国政府对于占领越南三分之一的国土，似乎已经满意，但法国商人却垂涎被称为"北圻"地区的越南北部，商人久辟西在北圻首府，交趾古都东京（河内），发现一条可以通往中国云南省的交通新道，就是红河。他利用这条河道贩卖军火到云南省，卖给正在作战的起义军和清政府的军队。但军火在越南却是违禁物品，越南官员无法阻止他，就要求驻在西贡的法国总督召回这位商人。

1873年，法国总督派遣海军官员葛尔里前往调查，葛尔里率领两艘军舰到达东京（河内）后，竟被久辟西说服，建议总督派兵并吞越南北部——北圻。越南官员对葛尔里痛恨入骨，就跟山区的黑旗军秘密联络，葛尔里遂在黑旗军一次狙击战中，中伏被杀。

1882年，法国海军司令李威利由西贡率舰队北上，在北圻登陆，攻陷东京（河内），要求越南履行第二次《西贡条约》。越南向宗主国中国乞援，中国向法国交涉，两国代表在天津签订《天津草约》。在草约上，法国同意红河以北是中国保护区，中国承认红河以南是法国保护区。但这个草约呈报给两国政府时，立即受到反对，北京认为这样做等于瓜分越南，而且坚信黑旗军是法军的克星；巴黎认为法国必须全部占领越南，不能让中国分一杯羹。

1885年，法国军队在台湾海峡中的澎湖群岛登陆。法国舰队司令海军中将孤拔，就死在澎湖。他的死，中国说是被中国击毙，法国说是害病逝世。但法国的陆军从东京（河内）向北进攻时，在中越边界上的镇南关（友谊关），被一位因这一次战役而成名的中国将军冯子材击败，并乘胜追击，重占谅山，进逼东京（河内）。这对于一向习惯于胜利的法国，是一个人心震动的打击，消息传到巴黎，法国内阁倒台。

第七节　镇南关大捷

镇南关大捷，为1885年清军在广西镇南关（今友谊关）大败法国侵略者的战役。

1885年2月中旬，法国增兵越南，在法军统帅波里也指挥下，集中两个旅团约万余人的兵力向谅山清军发动进攻，越南北圻战场东线的清军，广西巡抚潘鼎新不战而退。2月13日，法军未经战斗，即占领战略要地谅山。2月23日，法军进犯文渊州，守将杨玉科力战牺牲，清军纷纷后撤，法军乘势侵占广西门户镇南关，炸毁关门，直逼中国边界。法军还在关前废墟中插上一块木牌，得意地用汉字写着"广西的门户已不再存在了"，广西军民则在法军退走后在关前插上木桩，写上"我们将用法国人的头颅重建我们的门户！"作为对侵略者的回答。

由于潘鼎新的战败，清政府革去其广西巡抚职务，电令年近 7 旬的原广西提督冯子材帮办广西关外军务，领导镇南关前线的抗法斗争。冯子材决心"保关克谅"，并相机出击收复北圻各城。

冯子材赶到镇南关后，根据前线清军各部之间多存派系门户之见的情况，首先召集前敌诸将晓以大义，使各将领在抗击侵略者的斗争中团结起来。各将领共推冯子材为前敌主帅，统一指挥协调各军的行动，这就为挽回败局创造了必要的前提。当时，法军由于兵力不足，补给困难，已从镇南关退至文渊（关外 15 公里处）、谅山，准备组织新的进攻。

3 月中旬，冯子材得悉法军将经扣波袭尢封、攻牧马，绕出镇南关之北，急调兵力前往扣波和尢封，挫败了法军迂回的企图。19 日，有人密报法军将入关攻打龙州，为了打乱法军的进犯计划，冯子材决定先发制人。于 21 日夜率王孝祺部出关夜袭法军占据的文渊（今越南同登），击毁敌炮台两座、毙伤法军多人取得较大胜利。清军的主动进击，打乱了法军的作战部署，迫使法军东京军区副司令尼格里上校决定不等援军到齐即向清军坚固防御阵地发起进攻。23 日晨，法军第 2 旅千余人趁浓雾偷偷进入镇南关，另以千余兵力屯于关外作预备队。

法军兵分两路组织进攻：第 143 团第 1 营和外籍军团第 2 营等沿东岭向大小青山方向实施主攻；第 111 团第 1 营沿关内谷地前进，向长墙进攻，企图在主攻部队得手后两路夹击，攻占关前隘清军防御主阵地。法军主力在炮火掩护下，攻占东岭三座堡垒，并猛攻长墙。冯子材指挥所部顽强抵抗，一面请驻于幕府的苏元春部前来接应，并通知王德榜部从侧后截击敌人。在丢失三座堡垒的危急关头，冯子材大声疾呼："法再入关，有何面目见粤民？何以生为？"守卫清军在冯子材的爱国热情鼓舞下，英勇抗击，誓与长墙共存亡，阻止了敌人的前进。

苏元春率部赶到东岭参战，王德榜部也自油隘袭击法军，并一度切断了敌人运送军火、粮食的交通线，牵制了法军预备队的增援，有力地配合了东岭的战斗，战斗呈胶着状态。入夜，清军进一步调整部署，由苏元春部协助冯子材守长墙，王孝祺部夺西岭，陈嘉部守东岭。冯子材还另调驻扣波的 5 营冯军前来抄袭法军左翼。

陈嘉部、蒋宗汉部在东岭与法军展开了激烈争夺战，王德榜在击溃敌之增援部队及消灭其运输队后，从关外夹击法军右侧后，配合东岭守军夺回被占堡垒。这时，王孝祺也已击退沿西岭进攻之敌，并由西岭包抄敌后，使其腹背受敌。法军三面被围，死伤近 300 人，后援断绝，弹药将尽，被迫败退，尼格里只得下令撤退，狼狈逃回文渊、谅山。

冯子材抓紧有利战机，率部乘胜追击，于 26 日攻克文渊，29 日攻克谅山，宣称毙法军近千名，重伤尼格里，后又将法军残部逐至郎甲以南，取得重大胜利。

第八节　辛亥革命与会攻浔州

广西是辛亥革命的重要地区之一，在辛亥革命运动中占有重要的地位。武昌起义前，广西各地不断涌现会党活动，极大地动摇了清王朝的统治；同盟会组织在桂林、南宁、柳州、梧州等城市先后建立，为后来波澜壮阔的革命斗争打下了坚实基础；广西的革命者积极参加中国同盟会的创建工作，并在其中担任重要职务，发挥了重要作用。马君武、邓家彦、刘崛、刘古香等一批职业革命家，黄明堂、王和顺、关仁甫等一批指挥武装起义的军事将领脱颖而出。

1911年武昌起义消息传到广西，在桂平、平南、贵县、藤县、武宣五县活动的同盟会人同时起兵，组织军民1万多人，以罗佩珩为总司令。阴历九月中，苏无涯也率藤县起义军抵达平南。浔州起义军总司令部遂把藤县、平南义军整编，留强汰弱，存良除莠。3天，义军整编完毕，分水路、南岸、北岸3路向浔州城进军。水路义军300余由卢殿林，何伯纯带领，分乘荣利、海安两艘大渡船溯江西上；南路军数百由徐启祥率领经马皮、石咀直逼浔州府城；北路义军经江口直攻浔州。沿途还有不少绿林会党参加。此时，陈志轩、潘法卿领导的贵县义军，刘玉山、廖和卿率领的武宣义军，巫祺祥领导的梧州义军都分头向浔州集中，总共万多人。

府城的策反工作早已进行，警察、开明士绅已表示支持。义军以为既有内应，可以和平入城，不备攻城工具。不料知府贺源清勾结保皇党绅士程大璋严密防范，又勾结旧军官马统带率兵入城防守，再电请新举的广西副都督陆荣廷派兵接收，不让政权落到革命者手里。起义军总部知情变化，乃于11月21日下令总攻。历时7天，仍未得手。这时，陆荣廷派出的龙觐光部从横县开到浔州，义军背腹受敌，粮食不继，被迫退据城郊。陆荣廷乘机派人与罗佩珩谈判，解散义军。不久，浔州宣告独立，贺源清狼狈逃走。徐启祥派何伯纯率队在平南县城对面将军滩伏击，缴获毛瑟枪5枝以及赃物一大批，而贺却化装溜走了。

民国元年（1912年）初，陆荣廷派部将宣宗辉率兵一队进驻平南，兼县知事，撤销平南军政府。不久，作为民主共和象征的县议会也解散了。革命领导集团迅速瓦解。罗佩珩代理怀集知事，到任不久，陆荣廷借故把他杀害。卢殿林、袁恩荣、骆乔祥当了团总，成为新贵。不久，袁、骆均被暗杀。徐启祥以为革命成功，引退家园。江寿乔坚持革命，自编手抄小报抨击时弊，到各地联络革命同志进行二次革命，被苍梧县知事黄绍侃捕杀于梧州锁龙桥。

第九节 桂系军阀长期统治广西

一、旧桂系

我国西南地区军政集团派系之一，以陆荣廷为首的桂军集团。控制广东、广西、湖南三省。主要人物有陈炯明、谭浩明、莫荣新、沈鸿英等。

辛亥革命后，陆荣廷先后任广西副都督、都督。1913年又兼任民政长，将省会由桂林迁往南宁，打着"桂人治桂"旗号，独揽广西军政大权。1916年3月乘护国战争之机，宣告广西独立，并向湖南进军。7月派兵入广东，继而任广东督军。次年陆被北洋政府任命为两广巡阅使，其部属谭浩明、陈炯明分别任广西和广东督军。从此操纵两广军政大权，把桂军扩充到五万人，成为西南地区最大的一派军事势力。

1911年辛亥革命之后，原清政府广西提督陆荣廷，宣布广西独立，投向革命，实际上却逐步排斥同盟会人员而逐渐走向军阀统治。其势力在史学界通常称之为旧桂系。

1913年，旧桂系参与护国战争，并在护国战争之后，控制两广。两广成为陆荣廷的势力范围。

1917年7月6日，孙中山与廖仲恺、朱执信等南下广州，利用两广自主的局面，联合滇桂军阀，宣布维护《临时约法》，反对北洋皖系军阀。8月25日，一批国会议员前往广州，召开"非常国会"，通过《中华民国军政府组织大纲》，成立护法军政府，孙中山为大元帅。

陆荣廷 >

　　随后，两广和西南军阀参加了护法战争。其间，两广和西南军阀逐渐排挤孙中山，并导致第一次护法战争失败。

　　1920年，旧桂系欲消灭孙中山指挥下处于潮汕的粤军。第一次粤桂战争，又称"两广战争"爆发。双方激战至1921年6月，桂军失败，陆荣廷被迫宣布下野。旧桂系势力受到重大打击。1921年，"第二次粤桂战争"爆发，粤军攻入广西，摧毁了旧桂系的政权。

　　1924年初，陆荣廷与沈鸿英发生激战，李宗仁趁机发兵攻打陆荣廷，将陆荣廷的势力消灭。随后，李宗仁与沈鸿英争夺广西的控制权，同时击退了企图进入广西的滇军唐继尧部。战斗至1925年，李宗仁消灭沈鸿英的势力，统一广西。此后，以李宗仁、白崇禧为代表的桂系势力控制了广西全境，其势力又被史学界称为"新桂系"，以区别于陆荣廷的"旧桂系"。

二、新桂系

以李宗仁、黄绍竑、白崇禧等为首的桂军长期统治广西，并以这里为据点与蒋介石等争夺统治权，被称为"新桂系"，属于国民党统治时期的派系之一。

新桂系统一广西后，与广东的孙中山先生的国民政府联合，桂军改编为国民革命军第七军。于1927，派出钟祖培率领第七军建制一个旅的部队，北上支援受到北洋军阀攻击的湖南军阀唐生智，促成了北伐的进行。

1926年7月，北伐开始，桂系第七军作为主力部队北上湖南、湖北。经过汀泗桥、贺胜桥战役后，北伐军主力，主要是国民革命军第四军、第

< 李宗仁像

七军，消灭了北洋军阀吴佩孚主力，围困武昌。9月，因为战局变化，第七军进入江西战场作战。经过德安战役等几场战斗，击破军阀孙传芳的主力部队，为国民政府控制江西奠定了基础。

1930年，新桂系开始进攻左右江根据地，将红七军、红八军击败。红八军被迫编入红七军，番号取消。红七军随后也离开广西，前往中央苏区。此后，广西境内之共产党活动逐渐陷入低迷，除了在滇桂、滇黔、粤桂边境保留有一定的游击武装外，广西已无共产党势力。随后，新桂系参加了"中原大战"，但是新桂系、冯玉祥、阎锡山三大派别在此战中都被蒋介石击败。

自此，蒋介石彻底削弱了国民党内部其他军事派别，基本上获得了国民政府内的中央名义，其嫡系部队又被称为"中央军"。但是，在中原大战中的失败并没有动摇新桂系重新取得广西的控制权。但是，新桂系第二号人物黄绍竑脱离了新桂系，在允诺不出卖新桂系团体以及取得李宗仁、白崇禧的谅解之下，投向蒋介石。新桂系"李白黄"三人体系瓦解。此后，新桂系内部的黄旭初逐渐取得原黄绍竑的地位，是为"后李白黄"体制。

自1932年至1936年，新桂系经营广西，短暂地消除了广西境内的匪患，并且完善了民团制度，民团制度一方面使广西治安有了大幅度好转，亦能最大幅度地征集后备兵员支持新桂系军队作战。新桂系的治理使得广西从边远落后省份逐渐近代化，其主要政策有"三自"和"三寓"政策。残酷扫荡广西境内以共产党为首的左派政治势力和少数民族。

1949年10月，解放军第四野战军抓住一个偶然的战机，发动了衡宝战役。此战消灭新桂系主力部队第七军和其他部队约五万人。白崇禧指挥新桂系部队退入广西。随后第四野战军以长距离迂回追击作战，联合第二野战军、第一野战军在雷州半岛、贵州等地对新桂系部队进行大包围，最后攻入广西，将新桂系十余万部队消灭。新桂系首领李宗仁在衡宝战役后，对时局彻底失望，加之蒋介石复出，于是避居美国；白崇禧则在中国人民解放军攻占广西后，前往台湾；黄绍竑参加了"中国国民党革命委员会"，并参加了中共召开的"政协"，投向中共；黄旭初则前往香港，接受了国民政府的任职，组织国共两党之外的"第三势力"进行活动，但并无成效。新桂系军阀至此最终失败并逐渐消亡。

第十节　百色起义

百色起义，又叫右江暴动。1929 年 12 月 11 日，邓小平、陈豪人、张云逸等同志在广西百色组织领导了武装起义，创造了中国工农红军第七军，这是在南昌起义、秋收起义、广州起义的影响和鼓舞下，中国共产党在广西少数民族地区实行"工农武装割据"的一次光辉实践。

1929 年 10 月 22 日，邓小平、陈豪人、张云逸率领警备第四大队和教导总队，携带南宁军械库的枪炮弹药等军用物资到百色，并立即筹划武装起义。一是张云逸出任右江督办，接管地方政权；二是继续加紧整顿和改造军队；三是打击地方豪绅反动势力，消灭反动的广西警备第三大队，为起义扫清障碍；四是进一步宣传，发动群众，使右江地区的革命热潮更加高涨。11 月上旬，党中央批准了左右江地区举地武装起义，创建红军和革命根据地的计划，批准建立前委，统一党和军队的领导。前委委员 7 人，邓小平、陈豪人、张云逸 3 人为常委，邓小平任前委书记。中央还规定，如果邓小平离开百色到中央汇报工作，前委书记由陈豪人担任。按照党中央的指示，邓小平立即召开前委会议，传达、贯彻中央指示精神，然后到上海向中央汇报。

1929 年 12 月 11 日，正值广州起义两周年纪念日，一面镶有斧头镰刀的红旗在百色城冉冉升起。这一天，秀丽的百色山城红旗漫卷，锣鼓喧天，鞭炮齐鸣，万众欢腾。大街小巷贴满纸写的革命标语，家家户户悬挂鲜艳的红旗或五色纸旗。数千各族工人、农民、红军战士及市民集会在东门广场庆祝百色起义胜利和中国工农红军第七军的正式诞生。会议由龚鹤村主持，陈豪人代表前委发表重要讲话。宣布张云逸担任军长，陈豪人担任政治部主任。李谦、胡斌、韦拔群分别担任红七军第一、二、三纵队队长。军部设在百色粤东会馆，前委和政治部设在清风楼。与此同时，成立了右江苏维埃政府和百色县临时苏维埃政府。百色起义的胜利，标志着右江革命进入了新的阶段。

知识小百科

百色起义纪念馆

百色起义纪念馆，由张云逸大将提议，成立于1961年，原名"右江革命文物馆"。1996年11月1日，经江泽民同志题写，正式改名为"百色起义纪念馆"。纪念馆大

∧ 百色起义纪念馆

门四根粗大圆柱稳稳地支撑着皇冠形的外廊，象征着百色人民顶天立地、气壮山河、砥柱中流的气魄。在大门上方的正中，镌刻着江泽民题写的"百色起义纪念馆"七个行书镏金大字。大门两侧分别是高7.3米、宽8.9米的浮雕，栩栩如生地再现了"土地革命"和"武装斗争"的场面。

序幕厅的正壁是高4.28米、宽25.23米的"百色起义"汉白玉大型浮雕，以磅礴的气势，生动地再现了当年百色起义波澜壮阔的场面。邓小平、张云逸等老一辈无产阶级革命家，以顶天立地的光辉形象，屹立于大厅正壁的浮雕中。馆内设"百色风雷""革命英杰""邓小平与百色""建设新百色"等多个展厅，共展出文物270余件，图片1000余幅，场景16处，展出的起义人物达4000多人次。

1999年12月，百色起义纪念馆被中宣部列为全国百个爱国主义教育示范基地之一。

第四章

民族团结一家亲

　　广西是多民族聚居的地区，有壮、汉、瑶、苗、侗、仫佬、毛南、回、京、彝、水、仡佬等12个世居民族，此外还有40多个少数民族成分。广西作为一个多民族的地方，和谐祥和是广西民族团结的真实写照。在中国的民族团结中，广西是实现民族团结的一个典范。

∧ 瑶族达努节

第一节 广西少数民族概述

广西是多民族聚居的自治区，世居民族有汉、壮、瑶、苗、侗、仫佬、毛南、回、京、彝、水、仡佬等 12 个，另有满、蒙古、朝鲜、白、藏、黎、土家等 40 多个其他民族成分。汉族人口为 3201.90 万人，占 62%，少数民族人口 1711.05 万，其中壮族人口 1444.85 万，分别占自治区总人口的 38% 和 31.39%。

广西是全国瑶族人口最多的地区，有 150 多万人，约占全国瑶族总人口的 60%；是全国仫佬族人口最多的地区，有 17 万多人，约占全国仫佬族人口的 90%；环江毛南族自治县是全国唯一的毛南族自治县，也是我国毛南族最大的聚居区，有 7 万多人；广西是我国京族唯一的居住地，京族人口 2.15 万人，是我国最富裕的少数民族之一。

第二节 人口最多的少数民族——壮族

一、壮族简介

2005 年，全国壮族人口超 1700 万人。是我国少数民族中人口最多的一个民族。壮族大多居住在广西，主要集中在柳州、来宾、河池、南宁、

< 壮族

百色、崇左等地区。其中云南有 100 余万人，主要聚居在文山州，红河、曲靖也有一部分。广东的连山、肇庆怀集，贵州的从江和湖南江华也分布有壮族。在 1965 年统一称壮族以前，壮族的自称和他称较多，广西最常见的自称和他称主要有"布（僮）壮""布土""布僚""布雅依（瑞）""布侬"等 20 多种，云南主要有"侬人""沙人""土僚"等。

壮语是中国的较大语言之一，使用人口大约 1400 万以上。壮语在壮族聚居的乡村地区和部分城镇仍普遍使用，但壮文由于种种原因至今没有普及；现在散居于部分县城和城市的部分壮族人改以汉语为日常语文，不过城镇壮族在壮族总人口当中比例不大，总体上以壮语为母语的壮族人仍然占壮族人口的九成以上。同时，越来越多的壮族年轻人学会了熟练使用汉语文，成为壮汉双语人口。人民币上印有用壮语文字书写的银行名称和面额。

二、壮族的建筑风格

居住在坝区和城镇附近的壮族，其房屋多为砖木结构，外墙粉刷白灰，屋檐绘有装饰图案。居住在边远山区的壮族，其村落房舍则多数是土木结

壮族的建筑 >

构的瓦房或草房，建筑式样一般有半干栏式和全地居式两种。

干栏，也叫木楼、吊脚楼。壮、侗、瑶、苗、汉都有。多为两层。上层一般为3开间或5开间，住人。下层为木楼柱脚，多用竹片、木板镶拼为墙，可作畜厩，或堆放农具、柴禾、杂物。有的还有阁楼及附属建筑。一般干栏都依山傍水，面向田野。一个寨子一个群落，既雄伟又壮观。有些村寨，家家相通，连成一体，就像一个大家庭。居室格局，各处自有特点。龙胜县龙脊乡壮族干栏，以神龛为中心，神龛后面，居中是家公住房（以女主人为中心），左角是家婆住房，有小门与家公房相通。主妇房在右角。丈夫房在厅堂右侧外。客房在前庭左角，姑娘房在右角楼梯旁，便于她们与小伙子们交往。这种布局的最大特点，是夫妻异室，沿袭了古俗。现在的干栏，内部结构略有变化，但基本格局不变。

三、壮族的服饰

壮族服饰主要有蓝、黑、棕三种颜色。壮族妇女有植棉纺纱的习惯，纺纱、织布、染布是一项家庭手工业。用自种自纺的棉纱织出来的布称为

　　　　　　　　　　　　　　　民族团结一家亲

<壮族服饰

"家机"，精厚、质实、耐磨，然后染成蓝、黑或棕色。用大青可染成蓝或青色布，用鱼塘深可染成黑布，用薯莨可染成棕色布。壮族服饰各有不同，男子、女子的服饰，男子、妇女、未婚女子的头饰，各具特色。

男装有右襟与对襟两种，右襟衫反膊无领，衣纽从右腋下开至腰部又转向正中，再开出三四寸而止，衣襟镶嵌一寸多宽的色布边，用铜扣纽，再束上长腰带；对襟开胸，长仅及脐的紧身衫，这是在劳作时穿着的。

女装为无领右襟，只是衣袖比男装大些，宽大近尺，长至膝盖，镶嵌绲边，边条有宽细，一般在二三道以上。肩内贴布反衬在外，起缝三线，名叫"反膊衫"。男女衫的扣纽均铜纽或布纽。男女裤子式样基本相同，

我爱广西

裤脚有绲边，俗称"牛头裤"。已婚妇女有绲花边的肚兜，腰裤左边悬挂一个穗形筒，与锁匙连在一起，走动时发出"沙啦沙啦"的响声。男子礼服惯穿长袍，外面套上一件短褂，通称"长衫配马褂"，起先是头戴顶圆帽，后来改戴礼帽。到了现代，壮族的穿着衣式已基本现代化，但老一辈人，仍普遍以穿蓝、黑两色为主。

四、婚姻习俗

壮族的婚姻，有自由恋爱和父母包办的形式，一般婚前享受充分的恋爱自由，但父母干涉包办也时常有。壮族一般实行一夫一妻制。妇女和男子一样都是家庭的劳动力，但仅有男子有继承权。其婚姻制中盛行"不落夫家"或"坐家"，现在有些地方还保持这种习俗。青年男女结婚后，新娘便返回娘家居住，遇重大节日和农忙时节才到丈夫家短暂居住，直到怀孕之后才长住婆家。因此，"不落夫家"的时间为三五年不等。在历史上，

做家务的壮族妇女 >

民族团结一家亲

"不落夫家"期间有性自由，近代受儒家文化影响，认为这是一种不正当的行为，遭到严禁，违者或离婚，或赔偿一定的财物。

五、壮族医药

壮医是具有独特民族风格的一种医学。在唐宋时期（公元618—1279年）的方书中收录了一部分岭南的解毒、治瘴气药方，在医书分类中出现了"岭南方"，标志着壮族医药在祖国传统医药学中的明确地位。明清时期（公元1368—1911年），是壮医的发展时期。这一时期的壮医除了在李时珍的《本草纲目》及广西各地方志中有记载外，尚开办有地方医药教

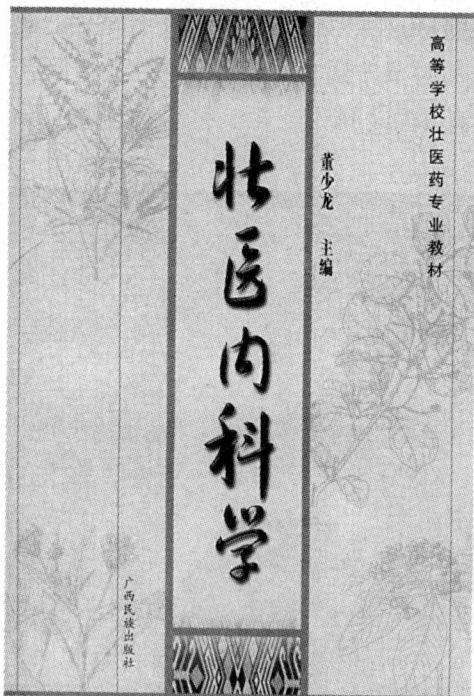

<《壮医内科学》

我爱广西

育机构，出现了不少壮族医药家。纵观古代壮医的发展，壮医是通过师徒授受、口耳相传的方式流传下来的，所以千百年来一直在民间流传有大量的壮族医药秘方验方，从而为中国传统医学的发展做出了贡献。

第三节　历史最悠久的少数民族之一——苗族

一、苗族简述

　　苗族，是一个发源于我国的国际性的民族，主要聚居于中国华南及东南亚。我国有苗族约9百万人，占我国总人口的0.72%，为中国第五大民族。苗族是我国最古老的民族之一，也是中国最早定居的民族之一。

　　远古时期，苗族文化科技十分发达，从苗族古历足见一斑。苗族古历，丰富了中国与世界历法体系。苗族有古历体系，但迄今为止，还没有他人能够推算、编写出苗族古历。中国苗族古历体系属阴阳历，以太阳历为主。苗族古历以十二生肖记时、日、月、岁，一岁365.25日，阳历平岁365日，闰岁366日。

　　苗族的历史悠久，在中国古代典籍中，早就有关于五千多年前苗族先民的记载，苗族的先祖可追溯到原始社会时代活跃于中原地区的蚩尤部落。商周时期，苗族先民便开始在长江中下游建立"三苗国"，从事农业稻作。

< 苗族

二、苗族饮食

　　苗族分布区域广阔，各地自然环境差异较大，因此农作物品种和人们的饮食习惯有所差别，但总体来说，苗族以大米、小麦、包谷等为主食。苗族喜食酸味，制作的酸食有酸辣椒、酸菜、酸汤、酸汤鱼等。苗族还常以酒示敬，以酒传情，不同时间、地点，不同的对象，饮酒的礼俗也有所不同，如拦路酒、进门酒、双杯酒、交杯酒，不一而足，体现了苗族人民丰富多彩的酒文化。

　　大部分地区的苗族一日三餐均以大米为主食，油炸食品以油炸粑粑最为常见。如再加一些鲜肉和酸菜做馅，味道更为鲜美。肉食多来自家畜、家禽饲养，四川、云南等地的苗族喜吃狗肉，有"苗族的狗，彝族的酒"

苗族饮食 >

之说。苗家的食用油除动物油外，多是茶油和菜油。以辣椒为主要调味品，有的地区甚至有"无辣不成菜"之说。苗族的菜肴种类繁多，常见的蔬菜有豆类、瓜类和青菜、萝卜，大部分苗族都善作豆制品。各地苗族普遍喜食酸味菜肴，酸汤家家必备。酸汤是用米汤或豆腐水，放入瓦罐中3-5天发酵后，即可用来煮肉、煮鱼、煮菜。

苗族的食物保存，普遍采用腌制法，蔬菜、鸡、鸭、鱼、肉都喜欢腌成酸味的。苗族几乎家家都有腌制食品的坛子，统称酸坛。苗族酿酒历史悠久，从制曲、发酵、蒸馏、勾兑、窖藏都有一套完整的工艺。日常饮料以油茶最为普遍。湘西苗族还特制有一种万花茶。酸汤也是常见的饮料。典型食品主要有：血灌汤、辣椒骨、苗乡龟凤汤、绵菜粑、虫茶、万花茶、捣鱼、酸汤鱼等。

三、苗族服饰

苗族服饰从总体来看，保持着中国民间的织、绣、挑、染的传统工艺技法，往往在运用一种主要的工艺手法的同时，穿插使用其他的工艺手法，或者挑中带绣，或者染中带绣，或者织绣结合，从而使这些服饰图案花团锦簇，溢彩流光，显示出鲜明的民族艺术特色。

四、苗药

苗族集中分布的广大地区具有得天独厚的自然环境。这里山峦重叠，江河纵横，气候温和，雨量充沛，自然植被繁茂，植、动、矿物药资源十分丰富，历来是我国药材主要产区。数千年来各兄弟民族在这些地区生息

< 苗族服饰

苗药 >

耕耘，并在与疾病作斗争的漫长历史中创造了丰富的医药理论知识和临床经验，成为我国传统医药的组成部分。

苗族聚居的山区药物资源种类之多、产量之大、品质之好，是许多平坝地区所不能及的。

苗药主要分布于苗族聚居的苗岭山脉、乌蒙山脉、武陵山脉、鄂西山地、大苗山脉及海南山地等广大地区。由于各地区纬度、海拔高度、地理环境、用药习惯的不同，各类药物分布有差异，有的种类如：见血飞、十大功劳、鱼腥草、银花、虎杖、桔梗、续断、草乌、天南星、苦参、白茅根、土大黄等几乎各地都有分布，而有的种类如：艾纳香、马槟榔、金铁锁、粗榧、松萝、通关藤、滇丹参、藜芦、松叶蕨、扁担藤、紫金莲、白花蛇舌草等等仅限于某些地区和一定的海拔高度才有分布。

五、苗族建筑

苗族由于特有的迁徙历史，在建筑选材和房屋构建上形成自己特有的建筑风格。苗家人喜欢木制建筑，一般为三层构建，第一层一般为了解决

<苗族建筑

斜坡地势不平的问题，所以一般为半边屋，堆放杂物或者圈养牲畜，第二层为正房，第三层为粮仓，有的人家专门在第三层设置"美人靠"供青年姑娘瞭望及展示美丽，以便和苗家阿哥建立初步关系。苗家整个村寨都使用木材作为建筑材料，被现代建筑学家们誉为最具生态的建筑方式，木制杆栏式建筑既解决了山地平地少的问题，也解决了农家杂物堆放及牲畜的圈养问题。

知识小百科

苗族飞歌

　　苗族飞歌，是苗族歌曲的一种。飞歌的音调高亢嘹亮，豪迈奔放、明快，唱时声振山谷，有强烈的感染力。飞歌，多用在喜庆、迎送等大众场合，见物即兴，现编现唱。歌词内容以颂扬、感谢、鼓动一类为主，过苗年、划龙舟等节日喜庆活动，一般要唱飞歌。

　　飞歌的歌词，每首一般在三十句左右。一首歌中，常有三字句、五字句、七字句、八字句等，但多数是五字句。曲调有大致固定的谱子，拍节的长短与快慢有大致固定的格式，但有时可以在原有的基础上进行发挥。

我爱广西

苗族飞歌 >

六、婚姻习俗

　　苗族一般是一夫一妻的小家庭，财产由男子继承，主妇在家庭中享有较多的权力和地位。年老父母一般由幼子供养。有的地区，有父子连名的习惯，子名在前，父名在后，平时都只呼本名，不连父名。由于受汉族宗法封建的影响，有的制定字辈、建立宗祠、修纂家谱。苗族青年男女婚姻比较自由，男女青年通过"游方""坐寨""踩月亮""跳花""会姑娘"等社交活动，自由对歌，恋爱成婚。云南楚雄等地有"姑娘房"制度，以

苗族娶亲 >

便择配良偶。也有父母包办婚姻的，一般通过亲友撮合，讲求门当户对。苗族妇女有婚后"不落夫家"的习俗，特别在黔东南至今仍有保留。有的地区苗族还有"还姑娘""转房""妻姊妹婚"等习俗。

七、年节习俗

苗年一般先在正月第一个卯日，历时三五天或十五天。年前，各家各户都要备丰盛的年食，除杀猪、宰羊（牛）外，还要备足糯米酒。年饭丰盛，讲究"七色皆备""五味俱全"，并用最好的糯米打"年粑"，互相宴请馈赠。

"祭鼓节"是苗族民间最大的祭祀活动。一般是七年一小祭，十三年一大祭。于农历十月至十一月的乙亥日进行，届时要杀一头牯子牛，跳芦笙舞，祭祀先人。食时邀亲朋共聚一堂，以求增进感情，家庭和睦。

龙舟节是每年农历五月二十四至二十七日，此时万人盛装，云集江边，参加龙舟出发前的献祭活动。比赛开始，几十条龙舟破浪前进，两岸锣鼓、礼炮齐鸣，观众呐喊声惊天动地。岸上还举行对歌、跳芦笙舞等活动。入夜，余兴未尽，青年男女相聚对歌，倾诉真情。

< 年节习俗

第四节 迁徙最多的民族——瑶族

一、瑶族简介

瑶族主要从事山地农业。主要分布在广西壮族自治区和湖南、云南、广东、贵州等省。瑶族分布的特点是大分散、小聚居，主要居住在山区。瑶族有自己的语言，但支系比较复杂，各地差别很大，有的甚至互相不能通话。通用汉语或壮语。没有本民族文字，一般通用汉文。瑶族语言属汉藏语系苗瑶语族瑶语支。由于长期与汉、壮、苗等族接触，各地瑶族一般又兼通汉语，部分兼通壮语和苗语。

二、瑶族服饰

过去因其居住和服饰等方面的特点不同，曾有"过山瑶""红头瑶""大板瑶""平头瑶""蓝靛瑶""沙瑶""白头瑶"等自称和他称。在风俗习惯方面一直保有本民族传统的特点，尤其在男女衣着上更为明显。瑶族妇女善于刺绣，在衣襟、袖口、裤脚镶边处都绣有精美的图案花纹。发结细辫绕于头顶，围以五色细珠，衣襟的颈部至胸前绣有花彩纹饰。男子则喜欢蓄发盘髻，并以红布或青布包头，穿无领对襟长袖衣，衣外斜挎白布"坎肩"，下着大裤脚长裤。

＜瑶族服饰

　　瑶族男女长到十五六岁要换掉花帽改包头帕，标志着身体已经发育成熟了。男孩到十六七岁要经过"度戒"，度戒具有成丁礼的性质。一些瑶寨为了宣传"十戒"，还特意请老艺人说唱，教育青少年勿淫、勿盗、勿奸、勿懒，要好学上进，尊老爱幼，勤俭持家等。瑶族婚恋自由，婚礼也比较节俭。蓝靛瑶有上门入赘的习俗。

三、婚姻习俗

　　一夫一妻是瑶族的基本婚姻制度，同氏族5代以外即可开亲，但通常不与外族通婚。

　　对歌是青年男女恋爱的主要方式，但婚姻的决定权仍在父母。对歌开始是男女集体分组对问对答，有相互看中者才单独对唱，至情深意厚即互赠信物，女子以绣花腰带、挂包相送，男子以银饰回赠。姑娘还要在小伙子手背上咬一道深深的牙印，以示爱得深刻，永不变心。男子心动相印后各自禀明父母，男方请会说会唱的媒人带一把烟叶或一包黄烟到女方家求婚，若女方家同意婚事就收下烟，经择八字相符者便与媒人商定聘礼和婚期。聘礼有酒、米、肉和银子。

姑娘出嫁前4个月即不再下地劳动，在家缝制嫁妆。婚日前夕，女家张灯结彩，献祭天地祖宗，请长辈亲友歌唱祖先业绩和做人的规矩，祝福姑娘成婚后夫妇合谐、儿女成群，边喝酒边唱歌，彻夜不眠，叫作"盘歌堂"。

婚日新郎撑一把伞在媒人和小伴陪同下，来到女方村寨预约好的"东家"，待到吉时才由媒人引领至女方家门口，先是男方媒人唱颂歌，然后女方媒人唱合对答，直到女方媒人表示"认输"才允许新郎进门。进门后即按族规向天地、祖宗、岳父母及长辈亲友行拜见礼，每认一位叩拜12次、敬酒两次。当日即接新娘回家，到男方家中再行与在女方家一样的拜堂仪式。婚宴结束后，男女媒人和送亲人要对新婚夫妇训诫，内容是要孝敬老人、要与家人和睦相处和勤俭持家之类。"吉门"瑶过去要给参加婚礼者格外馈送一块约重1公斤的猪肉。今此礼已免。

四、饮食习惯

瑶族主食大米，不用甑子蒸而用吊锅或鼎锅在火塘上焖，现吃现焖，不吃剩饭。没有专门种植蔬菜的习惯。只是在玉米地中撒播一些南瓜、黄瓜、青菜、白菜、萝卜、黄豆、饭豆之类，或在田边地角种点芋头，更多的是采集野菜和猎取禽兽佐食。鸡和雀鸟喜作成"鸡参"吃，做法是去毛洗净后剁碎，拌合盐、辣椒、香菜（野芫荽）置放于竹筒或臼中捣碎，再以烈火爆炒。杀猪时一时吃不完的肉或猎捕到的鱼和禽肉，用盐腌渍后吊在火塘上熏干备用，称之"烟熏腊肉"。逢年过节，必染糯米花饭和包粽粑。粽粑以猪肉、绿豆做馅，并放一根木姜子枝条作香料。

< 瑶族的饮食

　　瑶族男女均喜酒，尤好饮用糯米酿制的米酒，制法颇似汉族的醪糟，饮前兑水取液。酒色金黄透明，酒度低而有蜜香味，既当酒喝，又当清凉饮料。每酿制一次，可兑水三次。成年男女，都有吸水烟的嗜好。

五、瑶族建筑

　　瑶族村寨远离城镇集市，多建于近林靠水的高山地带，运输全靠人背马驮。山区气候潮湿寒冷，故住房多低矮无窗。一般二三十户自成村落，村与村大都相距十数里或数十里。村寨距耕地亦相距甚远，故每家在耕地处又建有田房，规模与村内住房大体相同而形成"村外村""家外家"。农闲住村，农忙住田房，粮食大部分堆放在田房内。

　　传统住房多为土墙木柱草顶，一般 3 年就要翻盖一次屋面。建屋前要选好地基，其法是用刀柄在地上杵捣 1 个小坑，坑内放置 7 粒稻谷，1 粒在中，6 粒环绕，然后用碗盖上，点燃一柱香，待香燃完后揭碗看谷，如谷粒位置未移动即为吉地，反之则需另择。动土之日，村邻亲友主动帮忙而不计报酬，三五日即可建好。

瑶族建筑 >

落成要举行"贺新房"的庆典，请"当龙师"吟诵古经，众亲邻携酒提肉、鸡前来祝贺，在新房前载歌载舞，饮酒作乐。村寨周围，几乎家家安有水碓舂米。以竹笕槽连接的水管，从山箐里引来了清泉水，一直通到厨房，用水十分方便。住房为两层3间，中间一格作堂屋，既是家家议事之所，又是吃饭和接待宾客之地，两侧为厨房和寝室，靠堂屋门的地方置有火塘，楼上堆放粮食、杂物和接待客人住宿，畜厩大多单独建在正屋后面。

六、瑶族医学

瑶医药是瑶族人民长期与疾病作斗争的智慧结晶，有着悠久的历史、丰富的治疗经验，独特的民族风格。瑶族民间医生多以盈亏平衡理论来指导自己的临床实践。

历史上瑶族没有自己的文字，瑶医药的传录方式全靠口耳相传、指药传授、指症传经，在本民族内部自成体系。

瑶医认为人体内脏之间、人体内脏与外界环境之间，既对立又统一，从而维持相对盈亏平衡和正常的生理活动。当这种动态盈亏平衡因外界或

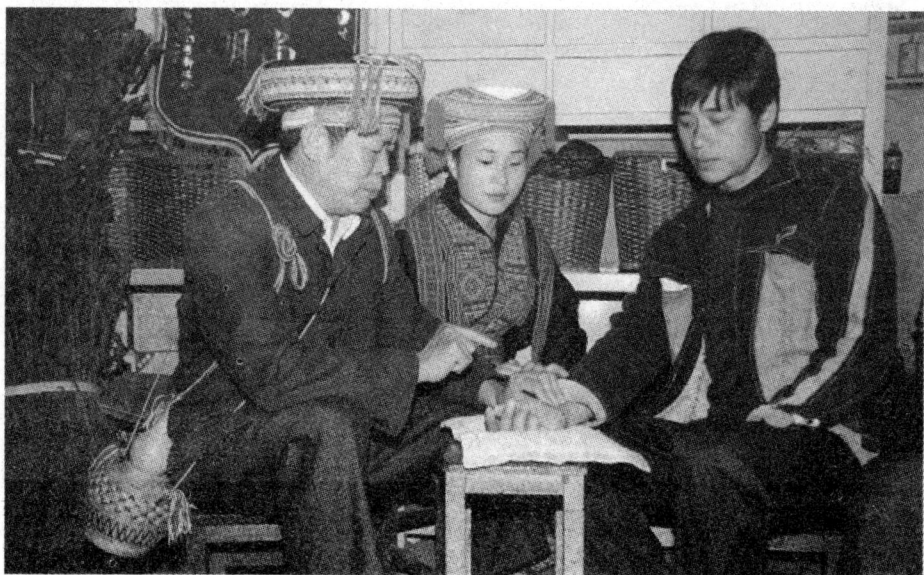

∧ 瑶医问诊

人体内部某些原因遭到破坏而又不能完全自行调节得以恢复时，人体就会发生疾病。破坏人体盈亏相对平衡状态而引起疾病的原因就是病因。病因可以是多方面的，诸如气候异常、瘴气疫毒、蛊毒风痰、精神刺激、饮食劳倦、先天禀赋、虫兽外伤等，均可导致疾病的发生。

在诊断方法上采用望、闻、问、触外，常用的还有甲诊、掌诊、舌诊、耳诊、鼻诊、目诊、面诊及观察患者大小便的质、色、气味来辨别疾病。在治疗方法上，除了采用针灸、针挑、骨灸、蛋灸、麻灸、艾灸、打火罐、按摩、刮痧等方法外，还应用瑶医特有的磨药疗法、杉刺疗法、火功疗法、火油灯疗法、火堆疗法等治疗一些疑难杂病，常收到满意的疗效。瑶医临床用药达一千余种，在长期的实践中，根据药物的性味功能及其所治疾病的特点总结出独具一格"五虎""九牛""十八钻""七十二风"104种瑶医常用药，并把药物分为"风药"和"打药"两大类，从而更好地指导临床用药及传录给后代。

瑶族的成人礼——度介

度戒是瑶族男人的成人仪式，是瑶族特有一种习俗，是瑶族男人成长过程中不可少的神圣一课，比娶新嫁女还要隆重。瑶族不认为18岁是成人的年龄，在他们看来年龄无论大小，只要度戒过关，就是男子汉，就得到了神灵的保护。没有度戒或度戒没有过关的男人就不能算是真正的有价值的男人，就没有社会地位，得不到姑娘的爱慕，甚至找不到老婆。

瑶族男孩长到10岁时父母就请识字先生推算吉利年份来给他度戒，决定度戒年后，父母提前一两年为度戒作准备，并在度戒年内确定度戒的具体时间。时间确定后又请师父，师父越多越好。度戒前男孩要蒙被入睡5天，等到度戒仪式时才能出门。

度戒的整个仪式繁杂冗长，最后男孩对天发誓：不杀人放火、不偷盗抢劫、不奸女拐妇、不虐待父母、不陷害好人…发誓完毕，由师傅用一个三角形的印章在男孩手上打上一个红色印记，至此度戒仪式结束。

∧ 成人礼度戒

民族团结一家亲

第五节　广西的土著民族——侗族

一、侗族

　　侗族居住区主要在贵州、湖南和广西省的交界处，湖北省恩施也有部分侗族。侗族人口总数为296万人。侗族在老挝也有一个分支，叫"康族"。

　　侗族使用侗语，属壮侗语系，分南、北部两个方言。原无文字，沿用汉文，1958年设立了拉丁字母形式的侗文方案，现在大部分通用汉文。

　　侗族主要从事农业，兼营林木。林业以产杉木著称。以生产鱼粳稻为主，选育栽培有本民族独特优质的水稻品系——"香禾糯"；善用稻田养

< 侗族

我爱广西

鱼，创造和传承了以"稻鱼鸭共生"为特点的侗乡有机农业文化遗产。有自己的民间戏曲——侗戏。鼓楼、风雨桥、风雨亭是侗族建筑的主要标志。风雨桥因桥上建有长廊式，可遮蔽风雨的桥屋而得名。三江著名的程阳风雨桥，被定为国家级重点文物。桥上建有五座多角宝塔，通道两侧有栏杆，形如游廊。桥梁结构不用一根铁钉，只在柱子上凿穿洞眼衔接，斜穿直套，结构精巧，十分坚固，令人叹为观止。

侗族的箫与笛是中国传统的乐器之一。侗族还以建筑艺术见长。每个寨子都有造型别致的木楼。这种不用一钉一铆的木结构建筑吸收了中国古代亭台、楼阁建筑的部分精髓。

二、民族建筑

侗族擅长建筑，结构精巧、形式多样的侗寨鼓楼、风雨桥等建筑艺术具有代表性。在贵州、广西的侗乡，有许多久负盛名的鼓楼和风雨桥。因

侗族建筑 >

　　　　　　　　　　　　　　民族团结一家亲

桥上建有廊和亭，既可行人，又可避风雨，故称风雨桥。这些时兴于汉末至唐代的古建筑，结构严谨，造型独特，极富民族气质。整座建筑不用一钉一铆和其它铁件，皆以质地耐力的杉木凿榫衔接，全长64.4米，宽3.4米，高16米，五个石墩上各筑有宝塔形和宫殿形的桥亭，逶迤交错，气势雄浑。

侗寨鼓楼，外形像个多面体的宝塔。一般高20多米，11层至顶，全靠16根杉木柱支撑。楼心宽阔平整，约10平方米见方，中间用石头砌有大火塘，四周有木栏杆，设有长条木凳，供歇息使用。楼的尖顶处，筑有宝葫芦或千年鹤，象征寨子吉祥平安。楼檐角突出翘起，给人以玲珑雅致，如飞似跃之感。

三、侗族服饰

男穿对襟短衣，有的右衽无领，包大头巾。女子上着大襟、无领、无扣衣，下穿裙或裤。惯束腰带，包头帕。用黑、青、深紫、白等四色。黑青色多用于春、秋、冬三季，白色多用于夏季，紫色多用于节日。女裙不

< 侗族服饰

分季节，多用黑色。讲究色彩配合，通常以一种颜色为主，类比色为副，再用对比性颜色装饰。主次分明，色调明快而恬静，柔和而娴雅。洛香妇女春节穿青色无领衣，围黑色裙，内衬镶花边衣裙，腰前扎一幅天蓝色围兜，身后垂青、白色飘带，配以红丝带。

侗族人民大都穿自纺、自织、自染的侗布，喜青、紫、白、蓝色。男子装束，近城镇者与汉族无异，唯边远山区略有差别，穿右衽无领短衣，着管裤，围大头帕。有的头留顶发。妇女装束各地互有差别，有着管裤、衣镶托肩、钉银珠大扣、结辫盘头者；有衣长齐膝、襟边袖口裤脚有滚边或花边、挽盘发者；有着大襟衣、大裤管、束腰带、包头帕、挽头髻者；有着对襟衣、衬胸布、围褶裙、系围腰、着脚套或裹绑腿、髻插银椎者；有宽袖大襟、衣滚绣有龙凤花卉、长裙过膝、梳盘发者；也有着汉装者。一般都喜欢戴银饰。

四、侗族风俗

"月也"，是这一村群众到另一村作客，并以吹芦笙或唱歌、唱戏为乐的社交活动。农闲斗牛，是集体娱乐之一。届时老少咸集，人山人海，欢声四起，锣鼓喧天，铁炮震动山谷。有外寨客人途经本寨，则阻之于寨边，以歌对答，谓之"塞寨门"。"行歌坐月"又称"行歌坐夜"，是青年男女进行社交和谈情说爱的通称。北部侗族地区称为"玩山"，青年男女在劳动之余，三五成群，相约在山坡上对唱情歌。南部侗族地区称"走寨"，或称"走姑娘"，晚上姑娘们结伴在屋里作针线活，客寨男青年携带乐器前来伴奏对唱，互相倾诉爱情，深情时男女互相"换记"（送礼物）定情，约为夫妻。三江县富禄等地侗族群众常于夏历3月3日或2月2日汇集于广坪上，用一特制火包冲一铁环腾空而起，降落时，让大家抢夺，获得者受重奖，叫做"抢花炮"。

<侗族婚嫁

五、侗族婚嫁

侗族婚姻为一夫一妻制。姑舅表婚较为流行，姨表兄妹和辈分不同的不能通婚。女子婚后有"坐家"（即"不落夫家"）的习俗。解放前，侗族的社会基本单位是封建家长制的父系小家庭。妇女在社会和家庭中的地位低于男子，妇女禁触铜鼓；男人或长辈在楼下，不准上楼。侗族姑娘在婚后才能享受父母和自己积累的"私房"以及分得少量的"姑娘田""姑娘地"。男子继承家业，无继承人的可招赘养子。

六、侗族大歌

"饭养身，歌养心"这是侗家人常说的一句话，也就是说，他们把"歌"看成是与"饭"同样重要的事。侗家人把歌当作精神食粮，用它来陶冶心

∧ 侗族大歌

灵和情操。侗族人民视歌为宝，认为歌就是知识，就是文化，谁掌握的歌多，谁就是有知识的人。

在侗族地区，歌师是被社会所公认的最有知识、最懂道理的人，因而很受侗人的尊重。于是他们世代都爱歌、学歌、唱歌，以歌为乐，以"会唱歌、会歌多"为荣，用歌来表达自己的情感，用歌来倾诉自己的喜怒哀乐。歌与侗家人的社会生活戚戚相关，不可分割，侗族的各种民歌，特别是侗族大歌，便成了他们久唱不衰的一首古歌。侗族大歌作为侗歌中最精华的组成部分，它的演唱内容、表现形式，无不与侗人的习俗、性格、心理以及生活环境息息相关，是对侗族历史的真实记录，是侗族文化的直接表现。

七、侗族节日

侗族的节日以春节、祭牛神（农历四月初八或六月初六）、吃新节（农历七月间）较为普遍。有些地区还有在十月或十一月过侗年。由于民族之间的交往，侗族还有清明、端午、中秋、重阳等节。

吃社饭（春社之日）。侗族有吃社饭之俗，但不搞什么活动。将田园、溪边、山坡上的鲜嫩社蒿（香蒿、青蒿）采撷回家，洗净剁碎，揉尽苦水，焙干，与野蒜（胡葱）、地米菜、腊豆干、腊肉干等辅料掺合糯米蒸或焖制而成，吃起来别有风味，其功能是防疫去瘟，有益健康。

∧ 侗族节日吃社饭

第六节 中国唯一海洋民族——京族

一、京族简介

　　京族，是我国南方人口最少的少数民族之一，也是我国唯一的一个海滨渔业少数民族，同时是我国唯一的海洋民族。京族历史上曾被称为"安南""越族"，自称"京族"。1958年5月，经中国国务院批准，正式定名为"京族"。在越南，京族是主体民族，在越南的54个民族中，京族占越南总人口近90%。

京族 >

二、京族生活习惯

京族大部分地区习惯日食三餐，居住在万尾的京族一般习惯日食两餐，早餐多选在上午 11 点左右，直到入夜后才吃晚餐。过去京族常以玉米、红薯、芋头混着少量的大米煮粥作为主食，只有出海捕鱼或秋收，劳动量大时才吃干饭。如今稻米已成为京族最为常见的主食。

京族喜吃鱼、虾、蟹、鱼汁及大米糍粑"风吹糕"。日常菜肴以鱼虾为主，常用鱼虾做成鱼汁，作为每餐不离的调味品。家庭饲养的猪鸡，也是日常主要肉类来源。京族的典型食品有：鱼汁，又称"鲶汁"，是京族民间传统调味品，以各种小鱼经腌制而成。妇女爱嚼槟榔。

∧ 京族舞蹈

到京族三岛去旅游与做客，您一定会品尝到那风味独特的鲶汁和"风吹粑"。鲶汁在市场上一般叫鱼露，是用小鱼腌制的一种调味汁，每年3至6月间，渔民家家腌制鲶汁。分为头漏汁（多出口东南亚各国）、二漏汁（多在国内市场销售）、三漏汁（通常自家食用）。即便是三漏汁，也会使初尝者赞不绝口，回味生津。做汤时加些鲶汁，汤味顿觉鲜美；吃肉时蘸以鲶汁，入口便觉清香。

三、京族服饰

京族的服饰，部分老年妇女穿民族服装，上身穿窄袖紧身对襟无领短上衣及菱形遮胸布，下穿黑色或褐色长宽裤子，外出时加穿白色长外衣，形似旗袍而开衩较高，结"砧板髻"。少数妇女还保留染黑牙齿的习惯。过去男子穿窄袖上衣，长及膝盖，腰间束带。但现在多数青年男女的服饰已与附近汉族相近。京族的传统服饰以衣裤型短装为主，既简洁、美观，又适宜涉水、乘船的水上生活。

京族妇女的传统发饰为"砧板髻"，即将头发从正中平分，两边留着"落水"，结辫于后，用黑布或黑丝线缠着，再盘结于头顶之上。还喜欢佩戴耳环和圆而尖的竹笠。这些竹笠是京族妇女利用本地盛产的竹子编织而成，是京族服饰的一个鲜明标志。

四、京族婚俗

婚姻过去是父母包办。现在大多自由恋爱，用对歌物色对象。对歌后，如果男方钟情于姑娘，就慢慢靠近女方，并用脚尖将沙撩向姑娘，如女方也心中有意，就会照样将沙踢回对方。通过这种踢沙方式或互相对掷树叶的活动，建立感情，再请"兰梅"（媒人）传递爱歌，双方还要互赠彩色木屐一只，如果正好是左右足配对，就被认为天生成双，可以缔结婚约（称作"对屐"），然后男方带着礼品，请些歌手去女方家对歌认亲。举行婚礼时，女方紧闭大门，在屋前大路和树林里设三道悬灯挂彩的榕门。要想通过三道门，必须对歌，直到女方歌手满意才可通过关卡。晚宴以后，去往男方家拜堂、对歌，此起彼伏，通宵达旦，幸福愉悦的歌声伴着天作地合的一对新人。

京族男女青年订婚，男方要用一定数量的猪肉、糕饼等作为礼品送给女方，贫穷之家也要送少量的糖、糯米、茶叶、糕饼作为订婚礼。结婚时，男方要备一百斤猪肉、二百提酒（每提等于0.2千克）、七斗米及其他礼品，送给女方。婚后三天，新娘"回潮"，夫妻俩将自家染红的糯米饭两托盘（约6斤）、猪肉两块、鸡两只回娘家谢拜岳父母，婚礼才算结束。

五、京族哈节

哈节，又称"唱哈节"，所谓"唱哈"即唱歌的意思，是京族的传统歌节，通宵达旦，歌舞不息。京族农历六月初十或八月初十，正月二十五时，当地京族要过最隆重的"哈节"，由歌手"哈妹"轮流吟唱。唱哈活动要连续进行3天3夜，一边宴饮，一边听唱。唱哈多在哈亭举行，哈亭是具有独特民族风格的建筑物。

据说，七八百年前，有位歌仙来到京族地区用优美的含义深刻的歌来反抗封建财主，深受京族人民的欢迎。为了纪念这位歌仙，人们建立了哈亭。节日期间，全村欢聚一起，通宵歌舞，并在哈亭举行迎神、祭祖、比武、角力等活动。

哈节过去每年都举行，各地日期不一。每逢哈节，京家男女老幼身着节日盛装，汇集到哈亭听哈之前迎神、祭祀，祈保渔业丰收，人畜两旺。唱哈的活动过程，大致分为迎神、祭神、入席唱哈、送神四个部分。节日

唱哈节 >

前一天，先把京家信奉的"镇海大王"等诸神迎于哈亭，节日当天下午3点钟左右开始祭神，祭神完毕，即入席饮宴、唱哈。这是唱哈节的主要活动项目，节目有情歌、灯舞、乐舞、歌唱族杰等，这是唱哈节的高潮，人们纵情欢歌跳舞持续多天。

六、京族籺

籺是大米制成的食品，当点心吃。又细分白头籺、风吹籺、籺丝等。

白头籺是籺的品种之一，以糯米搭配籼米为主料，用芝麻、花生或绿豆和糖做馅。先将浸泡好的米打磨成细粉；然后将细粉和成米团；再分解成鸡蛋大小的团粒，分别填入馅料，进一步捏揉成圆球，即形成坯；最后要制成熟食，或油炸、或蒸煮，则各随喜好。不过，制成食品后的形状和口感会不同：油炸品，呈橘黄色，吃起来皮酥质软味香甜；蒸煮品，则颇似捞出热锅的汤圆，口感清甜爽滑而不腻。为了调和色泽、增加清香，或为了预防上火，京族人常常在浸米或碾粉时，搀和一些清香植物和有利于

　　　　　　　　　　　　民族团结一家亲

∧ 京族粑

降温去火的中草药。如香菜、"企麻"等。与此同时，京族人还重视外形的点缀与装饰：如油炸品，入锅之前须裹上白芝麻，令出锅后的食品橘黄中嵌满花白；蒸煮品则出笼之后，再裹上炒熟的糯米粉，使食品白如雪球，相互之间又不粘连。这些被裹上花白芝麻和糯米粉的食品，外形乍一看犹如老人的满头白发，京族人因而叫白头粑。其实，京族人逢年过节都制作白头粑，图的就是白头的寓意。节喜期间，他们通过互相馈赠或共同品尝白头粑，祝愿大家都幸福长寿、白头到老，节事气氛也因此更加喜庆祥和。

第五章

广西历史名人

　　广西山清水秀，人杰地灵。有道是"桂林自古出才子，俚僚自古出狼兵"。千百年来，广西才华横溢的文人墨客和英勇善战的壮家武将，共同铸就了八桂历史的辉煌。

奇峭深邃

甲午清明題
石溪上人畫
圃劉寅

＜石濤画作

第一节　陈继昌

　　陈继昌，广西临桂人。原名守睿，字哲臣，号莲史。生于清乾隆五十六年（1791年），卒于清道光二十九年（1849年）。清嘉庆二十五年（1820年）状元。授职翰林院修撰。由于陈继昌抱病应殿试而连中"三元"（解元、会元、状元）声名大振。察考又得第一，故又有"三元及第"之称。他是中国科举史上最后一位"三元"状元。

　　陈继昌在翰林院修撰国史三年后，被派放外任。历任陕西、甘肃、顺天等乡试典试官。道光六年（1826年）任会试同考官。道光十年后，历任山东兖州知府、直隶保定知府、通水河道巡察、江西按察使等职。曾任山西、直隶、甘肃、江宁布政使。道光二十三年，进京受道光帝嘉勉。道光二十五年，官至江苏巡抚。一年后，因病辞官，回归故里。卧病三年，病故于家中。

陈继昌手迹 >

知识小百科

陈继昌续对挑夫

有一天，陈继昌看见一个年轻书生要跳河寻短见，急忙拦住他问道："你为何如此轻生？"那书生泪如雨下地说："我枉受十年寒窗之苦，竟输给两个挑担的村夫。我还有什么脸面活在人世啊！"

原来他是赴京赶考的书生，同行的还有两个挑夫。路上对他说："相公上京赶考，想必满腹经纶。你看我们每人一百多斤，两人就担了二百多斤。我们以此出个上联给你对，好不好？"书生想我熟读四书五经，还比不上你们这些挑夫？便满口应允。挑夫说："你若对不上，就要帮我们挑一担子。"书生爽快地答应了。于是，那个挑夫就出了上联"人轻担重轻挑重"。

书生听了，绞尽脑汁也没能对上。挑夫们哈哈大笑起来。书生羞愧难当，就弯下腰去挑那百斤重担。他把吃奶的力气都使出来，也挑不起来。脸孔一下涨得像关帝庙里的关老爷一样通红。挑夫们大笑道："算了吧！你还是转回家去再读几年书吧。"说罢，挑夫们扬长而去。书生一时想不开，便动了轻生的念头。陈继昌听罢，忍不住大笑起来。随即在地上写出了下联：脚短路长短短走长。书生见了，连连地拜谢："兄真是高才！救了为弟一命！"陈继昌听了，谦虚地说："哪里、哪里。"

第二节　袁崇焕

袁崇焕（1584年—1630年），字元素，号（或字）自如，明朝末年人。有胆略，好谈兵。万历四十七年（1619年）中进士。明末著名政治人物、文官将领。入兵部，守卫山海关及辽东；指挥宁远之战、宁锦之战。但不救朝鲜，擅杀大将乃触兵家大忌。后被崇祯帝以诛杀毛文龙、己巳之变护卫不力以及擅自与后金议和等罪名正法。清乾隆大兴"文字狱"，清政府为贬损明朝君臣在百年后杜撰了皇太极以"反间计"构陷袁崇焕的故事，史学界至今争议颇大。

万历四十七年（1619年）袁崇焕中三甲第四十名，赐同进士出身，授福建邵武知县。

1622年3月，王在晋驻守辽东，四月有驻守北山的湖广士兵溃逃。袁崇焕杀数人乃定。六月王在晋令袁崇焕移往中前所，监参将周守廉，游击左铺，经理前屯卫事务。袁崇焕当夜出发，次日抵达前屯。夜行荆棘老虎豹狼中，四鼓入城，将士莫不壮其胆。王在晋甚为倚重，提请升其为宁前兵备佥事。

1623年，孙承宗令袁崇焕抚哈剌慎各部，令其移出八里铺至宁远，收复二百七十里。孙承宗初令祖大寿筑宁远城，九月又令袁崇焕和满桂前往。袁崇焕定城规模，令祖大寿等督建城。1624年宁远城竣工，遂成关外重镇。

1624年，孙承宗上疏言"宁远可战可守"，又说"愿用崇焕指殚力瘁心以急公"不愿用"腰缠十万之逋臣，闭门颂经之屠胆"，皇帝采纳了建议。

1625年孙承宗，遣兵分驻锦州松山、杏山等城，同年，因柳河之战，孙承宗屡次遭参，请辞。十月，兵部尚书高第经略辽东。

1627年正月初八，皇太极一面遣使与袁崇焕议和，一面派阿敏出军征朝。后金军渡过鸭绿江，进攻朝鲜，史称"丁卯之役"。十四日，克义州，分兵攻打毛文龙东江铁山部。毛文龙遁入云从岛。

朝鲜和毛文龙告急，朝廷命袁崇焕发兵援助。此时后金总兵力约有七八万，前一年宁远大战努尔哈赤的发兵数就有五六万，因此皇太极留守沈阳的兵力至少还有四五万之多。虽然比起全族兵力驻防，此时沈阳的防务当然是略为薄弱了一些。可是袁崇焕此时身为辽东巡抚，所辖仅有宁

<袁崇焕像

锦七万兵，即使倾巢而出取沈阳，也无胜算。更何况朝鲜的战事在正月二十六日阿敏攻克平壤后就已经基本结束，之后阿敏部队留驻朝鲜只是为了威吓朝鲜以便在定盟时多捞些好处罢了。袁崇焕接到朝廷命令出兵的时候就已经是三月，此时出兵对朝鲜战事已经无济于事。

1627年五月初六日，后金皇太极，以"明人于锦州、大凌河、小凌河筑城屯田"，没有议和诚意为借口，亲率数万军队，谒堂子，出沈阳，举兵向西，进攻宁远、锦州。

十六日，明辽东巡抚袁崇焕派人送给纪用、赵率教的书信被后金兵截获，内称"调集水师援兵六七万，将至山海关，蓟州、宣府兵亦至前屯，沙河、中后所兵俱至宁远。各处蒙古兵，已至台楼山"云云。皇太极信以为真，即收缩围锦兵力，聚集于城西，以防明援师。

明军骑兵战于城下，炮兵则战于城上。袁崇焕亲临城堞指挥，"凭堞大呼"，激励将士，齐力攻打。参将彭簪古以红夷大炮击碎八旗军营大帐

袁崇焕纪念园 >

知识小百科

袁崇焕纪念馆

　　袁崇焕纪念馆在北京崇文区花市斜街广东义园旧址，即原来的袁崇焕祠墓。据传，袁崇焕被冤杀后，弃尸于市，其部下佘姓义士深夜窃走头颅。清乾隆四十七年（1782年），乾隆帝下令为其平反昭雪，清朝末年康有为等人为纪念袁崇焕，先后修建了祠和墓。祠的前廊两端及室内墙壁上嵌有李济深撰《重修明督师袁崇焕祠墓碑》等石刻，屋檐下是叶恭绰敬题"明代先烈袁督师墓堂"匾额。墓前立有清道光十一年（1831年）湖南巡抚吴荣光题写的"有明袁大将军之墓"石碑及石供桌，坟侧小丘为佘义士之墓。袁崇焕手迹《听雨》以及康有为题写的"明袁督师庙记"手书等珍贵文物将珍藏于该纪念馆。原墓堂廊柱曾悬有康有为所书对联：自坏长城慨今古，永留毅魄壮山河。

房一座，其他大炮则将"东山坡上奴贼大营打开"，后金军伤亡重大。明太监监军刘应坤奏报称："打死贼夷，约有数千，尸横满地。"后金贝勒济尔哈朗、大贝勒代善第三子萨哈廉和第四子瓦克达俱受重伤，游击觉罗拜山、备御巴希等被射死。蒙古正白旗牛录额真博博图等也战死。后金军死伤甚多，尸填濠堑。

宁锦之战，后金军攻城，明辽军坚守，凡二十五日，宁远与锦州，以全城而结局。明人谓之"宁锦大捷"，载入中国战争史册。

熹宗崩，崇祯帝即位，魏忠贤被诛，朝臣纷请召袁崇焕还朝。崇祯元年（1628年）四月崇祯帝任命袁崇焕为兵部尚书兼右副都御史，督师蓟、辽，兼督登、莱、天津军务。七月袁崇焕入都，十四日崇祯帝召见。袁崇焕慷慨陈词，计划以五年时间恢复辽东，并疏陈方略，皇帝大喜，袁崇焕复奏掣肘，袁崇焕奏曰"以臣之力治全辽有余，调众口不足。一出国门，便成万里。嫉能妒功，夫岂无人？即不以权力掣臣肘，亦能以意见乱臣谋"。二十四日崇祯赐崇焕尚方宝剑，便宜行事。

第三节　石涛

石涛（1642年—1707年）清初四僧之一。法名原济，一作元济、道济。本姓朱，名若极。字石涛，又号苦瓜和尚、大涤子、清湘陈人等，广西全州人，晚年定居扬州。明靖江王之后，出家为僧拜名僧旅庵本月为师，性喜漫游，曾屡次游敬亭山、黄山及南京、扬州等地，晚年居扬州。

石涛生于明朝末年，父亲被唐王捉杀。国破家亡，石涛被迫逃亡到广西全州，在湘山寺削发为僧。以后颠沛流离，辗转于广西、江西、安徽、

一样花枝
色不匀偏
野趣开致
春和明鲁滴金
董露更比蔷薇
刺眼新
大涤子济

石涛画作 ＞

江苏、浙江、陕西、河北等地，到晚年才定居扬州。他带着内心的矛盾和隐痛，创作了大量精湛的作品。最为人推崇的，是他画中那种奇险兼秀润的独特风格，笔墨中包含的那种淡淡的苦涩味。一种和苦瓜极为近似的韵致。所用世人皆知又让人费思的古怪别号：苦瓜和尚、瞎尊者。苦瓜何解？石涛双目明亮，又何以称瞎尊者？

从传世作品看，石涛在画史上不仅称得上是一个有创新才能的画家，同时也是创作题材广泛的多产作者。石涛的表现手法富于变化，又能独特、和谐地统一为自己的风格特色。他的绘画风格变化同他的生活经历有密切关系，他一生游历过广西、江西、湖北、安徽、浙江、江苏和北京等地，自然界的真山真水赋予他深厚的绘画素养和基础，他在自然的真实感受和探索中加以对前人技法长处的融会，因而他对绘画创作强调"师法自然"，把绘画创作和审美体系构成为"借笔墨以写天地而陶泳乎我也"。石涛是一个僧人，他从禅门转入画道，因而他的画风似有一种超凡脱俗的意境，无论是山水、人物，还是花卉、走兽都有很高的艺术成就。"搜尽奇峰打草稿"是石涛绘画艺术取得成功的最重要关键。

石涛传世作品甚多，民间有石涛作品者不少，但大多不是精品。精品主要藏于故宫博物院和上海博物馆。

故宫所藏山水代表作有：《搜尽奇峰打草稿图卷》，苍浑奇石，骇人心目；《清湘书画稿卷》，集诗、书画于一纸，山水、花卉、人物俱备，笔墨苍劲奇逸，挥洒自如，为石涛50余岁的精品；《采石图》，绘南京采石矶风景，构图新奇，笔墨洗练；《横塘曳屐图轴》，用笔放逸，墨色滋润；《云山图轴》，以截取法取景，云山奇石，水墨淋漓。兰、竹、花卉方面的代表作有《梅竹图卷》、《蕉菊图轴》、《墨荷图轴》等。

现代画家张大千曾精研石涛，仿其笔法，几能乱真，他有不少仿画流传于世，极难分辨。张大千笔力不如石涛厚重，线条也较光滑，这是不同之处。

第四节　陈宏谋

陈宏谋（1696 年—1771 年）字汝咨。号榕门，原名弘谋，晚年因避清高宗爱新觉罗·弘历讳，改为宏谋。广西桂林人。

陈宏谋出生于临桂县四塘乡横山村一个普通农户家，早年在桂林华掌书院攻读，雍正元年（1723 年）考中乡试第一名，接着又考中会试第108 名、殿试三甲第 8 名，从此步入仕途，历任翰林院检讨、吏部郎中、

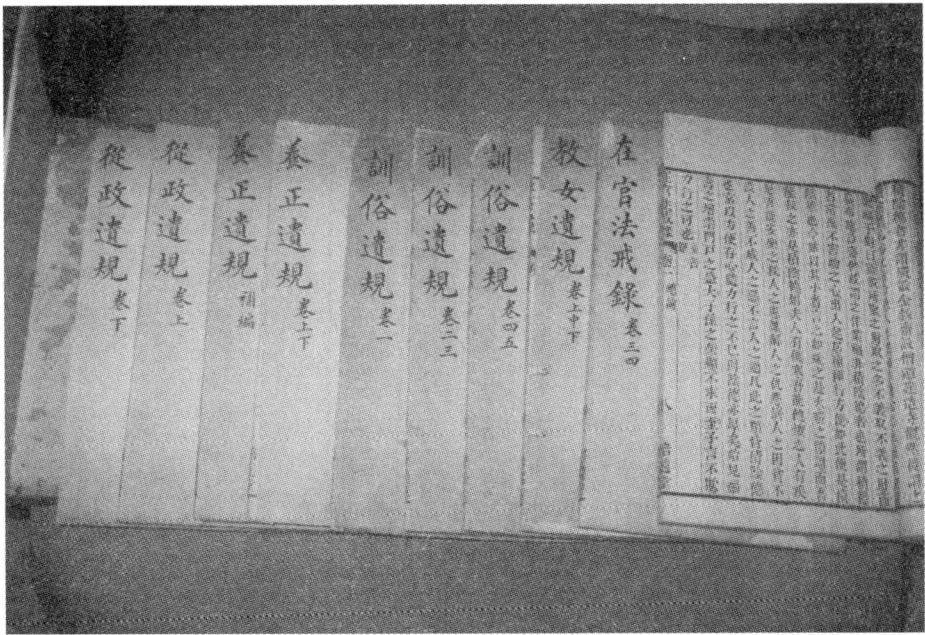

∧ 陈宏谋编纂《养正遗规》

浙江道御史、扬州知府、江南驿盐道、云南布政司、直隶天津道、江苏按察使、江苏江宁布政司等职；后又历任甘肃、江西、陕西、湖北、河南、福建、湖南、江苏等省巡抚和陕甘、两广、两江、湖广等地总督。1763年奉调进京，历任吏部尚书、工部尚书、协办大学士、东阁大学士等职。1771年因病疏请回乡，得乾隆允准，加太子太傅衔，谕令所经处官员二十里内料理护行。同年六月，船行至山东兖州韩庄时，病逝于舟中，终年七十六岁，谥号文恭。

陈宏谋是清代广西及桂林籍官员中官位最高、任官时间最长（48年）、任官历经省份最多（12个省）和政绩卓著而在民间影响较大的一位清官名臣。他在外任三十余年，任经十二行省，官历二十一职，所至颇有政绩，例如革新云南铜政，兴少数民族地区教育；经理天津、河南、江西、南河等处水利，疏河筑堤，修圩建闸。先后两次请禁洞庭湖滨私筑堤垸，与水争地。

除政事外，他将历代重要的风俗政事文献整理成五部精简扼要的参考教本，名为《五种遗规》。其中《教女遗规》他提出当时妇女的教养之道，主张："天下无不可教之人，亦无可以不教之人，而岂独遗于女子也？"为我国帝制时期少见主张实行女性教育者。

第五节　冯子材

冯子材（1818年—1903年），晚清抗法名将。字南干，号萃亭，汉族，广西钦州人。咸丰间从向荣、张国梁镇压太平军，同治间累擢广西提督。中法战起，起用为广西关外军务帮办，大败法军于镇南关，攻克文渊、谅山，重创法军司令尼格里，授云南提督。甲午战争间奉调驻守镇江，官终贵州提督。治军四十余年，寒素如故，卒谥勇毅。

1858年1月，钦差大臣和春复立大营于沧波门、高桥之间，挖掘长濠，坚筑高垒，围困天京太平军。冯子材身负守御之责，屡次击退太平军的冲锋，并攻毁太平军在城北修筑的栅栏营垒。由于冯子材真心替清廷卖命，深得上司的器重，几年之内由都司一步步升为总兵。

1858年9月，太平军主将陈玉成，李秀成分别领军进至滁州、乌衣，准备会攻清钦差大臣德兴阿的"江北大营"。和春派冯子材领兵5000

冯子材塑像 >

渡江相援。27 日小店一战，冯部几乎全军覆没，仅剩三四百亲兵逃回江南。

1865 年，冯子材被派往广东督办东江军务，又改办罗定、信宜等地军务。一月之内，镇压了王狂七、独角牛、李如娘等各路义军。1867 年，清军采用"步步为营"的战术，包围了广西天地会起义军吴亚终部。为了切断其他义军与吴部的联系，清廷命冯子材肃清龙州起义军余部。他带领 6 营弁勇，两面夹击，先攻陷了龙州，俘虏并杀害了起义军首领陈七，接着分兵攻打各处起义军据点。到第二年，广西只剩下吴亚终这一支起义军，独力难支，退入越南境内。

越南政府对起义军的到来大为恐慌，一再向清朝请兵援"剿"。朝廷又派提督冯子材率 30 营共 1.2 万余人于 1869 年 7 月出关。

冯子材入越以后，扎大军于北宁、太原等地，配合越南军队，"围剿"太原、山西、宣光各省义军。8 月，吴亚终在北宁城被火铳打伤，饮孔雀

∧ 钦州冯子材故居

血身死，部将陆续请降。到 1870 年 4 月，冯子材领兵攻克了吴亚终部将梁天锡的根据地河阳，宣告"得胜班师"。

冯子材从越南撤兵（中法战争）回国后，"奉旨"督办钦廉一带防务，并会办广西一带防务，重点对付法国对西南边疆的侵略。1886 年，他率军赴海南岛，镇压黎族人民起义。1894 年，中日战争爆发，他又率军北援，驻节镇江，以备调遣。冯子材在中法战争中的赫赫战功，受到朝野各派的瞩目。1898 年戊戌变法期间，维新派领袖康有为曾建议光绪皇帝调他入京统带京营。次年，冯子材赴云南提督任，统领全省防营。义和团运动爆发后，他一度上书，请率数营入京勤王。但当时中国政治变化迅速，无论是"帝党"还是"后党"，都没有借用上这支力量。

1903 年，冯子材已是 86 岁的老人了。为了镇压广西人民风起云涌的起义，经两广总督岑春煊奏准，清廷命他会办广西军务。冯子材为报答"三朝知遇之恩"，扶病强起，兼程赴桂。夏间行军，途中中暑，牵引旧伤，于 9 月 18 日在南宁行辕辞世。

第七节　马君武

马君武（1881 年—1940 年）中国近代学者、教育家和政治活动家。原名道凝，又名同，改名和，字厚山，号君武。广西桂林人。早年就读于桂林体用学堂。1900 年入广州法国教会所办丕崇书院学法文。1901 年入上海震旦学院。同年冬赴日本京都帝国大学读化学。

1905 年 8 月，第一批加入同盟会，和黄兴、陈天华等人共同起草同盟会章程，并成为《民报》的主要撰稿人之一。1905 年底回国，任上海公

< 马君武像

学总教习，积极宣传革命。为避免清政府迫害，于 1907 年赴德入柏林工业大学学冶金。

武昌起义爆发后回到中国，作为广西代表参与起草《临时政府组织大纲》和《中华民国临时约法》，并任南京临时政府实业部次长。1912 年出任国会参议员。1913 年二次革命失败，再度赴德入柏林大学学习，获工学博士。

1924 年，马君武受聘担任上海大夏大学首任校长，以自己的博学带动学校形成了浓厚的学术研究氛围；1925 年，马君武应北京工业大学师生的五次请求出任该校校长。1930 年，应蔡元培邀，马君武出任上海中国公学校长之职。

1927 年受广西省政府委托，马君武在梧州创办广西大学；1928 年被任命为校长。1936 年广西大学转移到桂林雁山西林公园与省立广西师范专科学校合并。1939 年，省立广西大学经国民政府批准升格为国立广西大学，

西來黃帝勝蚩尤莫向森林
問自由聖地百年淪異族斜陽獨
自弔神洲為奴豈是先民志紀
事終遺後史著太息英雄淚
淘盡大江嗚咽水東流

叔頌先生

民前十年舊作飲壽

民國五年八月 馬君武

∧ 马君武手札

马君武第三次出任广西大学校长。为了办好广西大学，他废寝忘食、呕心沥血，身体每况愈下，却毫不在意，经常带病坚持工作。

　　马君武担任的诸多大学校长之职，以在广西大学时间最长，建树最多，最能显示他的办学理念、教育思想及管理才智。作为教育家的马君武与蔡元培并肩，一南一北活跃在改造封建中国的教育体制，极力推广欧洲教育、尤其是欧洲现代高等教育的办学理念的实践中。由于办学有成，马君武在教育界与蔡元培同享盛名，在中国有"北蔡南马"之誉。

第八节 蔡锷

蔡锷原名艮寅，字松坡，1882 年 12 月 18 日生于湖南省宝庆府武冈州山门镇贫寒的裁缝家庭。6 岁时在当地一位名士帮助下，免费入私塾学习。12 岁考中秀才。16 岁考入长沙时务学堂，受到该学堂中文总教习梁启超的赏识，并建立起深厚的师生友谊。

<蔡锷像

蔡锷与小凤仙

蔡锷与小凤仙的故事被许多野史所记载，也曾多次拍摄为影视作品．对其真实性各自说法不一。

蔡锷进京后被袁世凯软禁，后来袁世凯封蔡松坡为"昭威将军"，担任一些有名无实的职务，加以笼络。蔡锷终日无所事事，内心烦闷，便到八大胡同走走，在青云阁的普珍园结识名妓小凤仙。小凤仙识英雄、重英雄，两人心生爱意后小凤仙帮助蔡锷逃离北京。

蔡锷病逝后，小凤仙悲痛欲绝。亲书挽蔡锷联：其一："不幸周郎竟短命，早知李靖是英雄"；其二："九万里南天鹏翼，直上扶摇，怜他忧患余生，萍水相逢成一梦；十八载北地胭脂，自悲沦落，赢得英雄知己，桃花颜色亦千秋"。

当时的中国在腐败的清王朝统治下，山河破碎，国力孱弱，帝国主义虎视鹰瞵，民族危机空前严重。蔡锷像许多热血青年一样，怀着急迫的心情，寻求救国救民的道路。他在一首诗中写道："流血救民吾辈事，千秋肝胆自轮菌"，倾吐了满腔的爱国抱负。

1899 年 7 月，蔡锷东渡日本，入陆军成城学校学习，从此开始了"军事救国"的生涯，并正式改名为锷。

1902 年 11 月，蔡锷又考入东京陆军士官学校。他思想活跃，成绩突出，与同学蒋方震、张孝准，同被称为"中国士官三杰"。当时，他虽然热切地希望变中国为世界第一等强国，但是还没有确立以暴力推翻清王朝的革命思想，仍然抱着从改革军事入手，帮助清廷革除弊政，借以实现富国强兵的理想。

∧ 蔡锷墓

　　1904 年初，蔡锷从日本士官学校毕业归国。先后应聘任江西随军学堂监督、湖南教练处帮办、广西新军总参谋官兼总教练官、广西测绘学堂堂长、陆军小学总办等职。年轻英俊的蔡锷，脚穿长统靴，腰挎指挥刀，每天扬鞭跃马，威风凛凛，指挥练兵。他讲解精辟，技艺娴熟，要求严格，深受官兵敬佩，被赞誉为"人中吕布，马中赤兔"。不久，云南总督李经羲聘请他到云南担任军职。

　　1911 年 10 月 30 日蔡锷与革命党人李根源等在昆明领导新军响应辛亥革命，蔡被推为临时革命总司令。平定了云南全境，成立云南军政府，被推选为云南都督。

袁世凯上台后，为防止地方势力扩张，纷纷将非嫡系地方都督调入北京，加以笼络与监视。1913年10月蔡锷也被调入北京，任经界局督办、参政院参政、全军统帅办事处办事员。

1915年底，蔡锷在梁启超的影响下，反对袁世凯称帝，但是表面拥护，并假装迷恋艺妓小凤仙，麻痹袁世凯，潜逃出京，取道越南回到云南。于12月25日与唐继尧等人宣布云南独立，组织护国军，发动护国战争，蔡锷任护国军第一军总司令。1916年春率部在四川纳溪、泸州一带击败优势袁军，迫袁取消帝制。

6月，袁死后，蔡任四川督军兼省长，之后因结核病赴日本就医，同年11月8日病逝于日本。翌年4月12日，被国葬于黄兴所葬之岳麓山，是民国第一位享受国葬仪式的人。

第九节 韦拔群

韦拔群（1894年—1932年），曾用名韦秉吉、韦秉乾、韦萃。广西壮族自治区河池市东兰县人。壮族。韦拔群于1921年开始领导农民闹革命，由于深受各族人民的敬爱，人们群众亲切地称他为"拔哥"。

韦拔群于1916年初在贵州加入讨伐袁世凯的护国军，参加了护国运动。后入贵州讲武堂学习，毕业后到黔军任参谋。在"五四运动"影响下，1920年离开黔军到广州加入"改造广西同志会"，次年回东兰从事农民运动，先后组织"改造东兰同志会"和"国民自卫军"，指挥农军三打东兰县城，赶跑县知事和团总。1925年初入广州农民运动讲习所学习，结业后回东兰继续从事农民运动，主办农讲所，培养骨干，发展农会和农民武装，

把农运推向右江地区。1926年领导成立东兰县革命委员会，任主任，同年冬加入中国共产党。1929年12月参与领导百色起义，建立右江革命根据地，任右江苏维埃政府委员、中国工农红军第七军第三纵队司令员、第二十一师师长。1930年11月，红七军主力奉命北上，离开右江根据地，他坚决服从军前委命令，带领百余人留在右江根据地，发动群众，重新组建部队，在极其艰苦的条件下坚持游击战争。他一家20余人，包括他的儿子在内的10多位亲人惨遭敌人杀害。1932年10月19日，被叛徒杀害于广西东兰赏茶洞。

∧ 邓小平与韦拔群相见魁星楼雕塑

广西历史名人

1930年4月初，邓小平与韦拔群在东兰初次见面后，俩人共同举办"党员干部培训班"，共同创办"东里共耕社"，共同视察红七军勉俄兵工厂和善学野战医院，结下了深厚的革命友谊。邓小平与韦拔群在魁星楼下的握手，开创了右江革命根据地和右江土地革命的丰功伟业，在中国革命史上铸造了一座千古不朽的丰碑。

　　为了纪念这两位革命家的历史性会面，2008年12月28日，"邓小平与韦拔群相见魁星楼"铜像在东兰县武篆镇魁星楼广场揭幕。

我爱广西

第六章

天下风景　美在广西

　　广西旅游资源丰富独特，奇山秀水的迷人景色、亚热带情韵的北部湾滨海风光、古朴常有的民族风情和独特的中越边关风情，使广西成为令人神往的旅游观光度假胜地。

∧ 桂林山水甲天下

第一节　桂林

一、象鼻山

象鼻山原名漓山，又叫仪山、沉水山，简称象山，位于广西省桂林市内桃花江与漓江汇流处，象鼻山形状好似一只饮水的大象，鼻子伸进水中。属于喀斯特地貌自然风景区，早在唐宋就成为著名游览胜地，有 1000 多年的游览史。

象鼻山 >

象鼻山传说

一说玉皇大帝有一头坐骑大象，有一天玉帝带它下人间。待到要回去的时候，大象留恋桂林的美景，不愿回去，便到漓江喝水。玉帝很生气，拔出腰间的宝剑向大象刺去，大象化为石山，即象鼻山，宝剑的剑柄便成了象山上的普贤塔。

一说很久以前桂林有一只大象，在地上横行霸道，毁坏田地，使得民不聊生。玉帝知后，派人趁大象在漓江边喝水之时，用剑将大象杀死，后化为石山，剑变成了宝塔。

象鼻山上有一座塔，名曰普贤塔，东边有一山洞，曰水月洞，洞中有水流过。山腰处还有一穿通的岩洞，好似大象的眼睛。

山体前部的水月洞，弯如满月，穿透山体，清碧的江水从洞中穿鼻而过，洞影倒映江面，构成"水底有明月，水上明月浮"的奇观，"象山水月"因之成为桂林山水一绝。

二、芦笛岩

芦笛岩位于桂林市西北郊，是一个以游览岩洞为主、观赏山水田园风光为辅的风景名胜区。芦笛岩洞深 240 米，游程 500 米。洞内有大量奇麓多姿、玲珑剔透的石笋、石乳、石柱、石幔、石花，琳琅满目，组成了狮岭朝霞、红罗宝帐、盘龙宝塔、原始森林、水晶宫、花果山等景观，令游客目不暇接，如同仙境，被誉为"大自然的艺术之宫"。从唐代起，历代都有游人踪迹，现洞内存历代壁画 77 则。

我爱广西

芦笛岩 >

　　芦笛岩所在的光明山，从前叫毛毛头山。原来半山腰只有一个小洞口，仅容一人进出，山坡上又长满芦荻草，并不引起人们的注意，因为洞口附近生长着芦荻草，据说可以做成笛子，取名芦笛岩。有"桂林山水甲天下，芦笛美景堪最佳"的美誉。

三、七星岩

　　七星岩因七星山而得名。是桂林旅游景点溶洞中较为出名的一个岩洞，位于七星公园内，七星岩古时称栖霞洞，在桂林七星公园内普陀山腹，原来是一段地下河，至今已有百万余年历史。由地下河形成的岩洞一般有两种地形：一是"岩洞的侵蚀地形"，如洞内的"银河鹊桥"景点，就是一个巨大的穹形厅堂，宛如天空；二是"岩洞的堆积地形"，由石钟乳、石笋、石柱等次生沉积物组成，具有各种形态，千奇百怪。今依民间习惯称呼，又据岩内明代桂林画家张文熙所题"第一洞天"之义，定名为"七星洞天"。

七星岩在市东普陀山西侧山腰，原是地下河，为以洞景制胜的风景游览点。洞内分上、中、下三层，上层高出中层8到12米；下层是现代地下河，常年有水；中层距下层10至12米。供人游览的中层，犹如一条地下天然画廊，游程长达800米，最宽处43米，最高处27米。洞内钟乳石遍布，洞景神奇瑰丽，琳琅满目，状物拟人，无不维妙维肖。主要景点有石索悬锦鲤、大象卷鼻、狮子戏球、仙人晒网、海水浴金山、南天门、银河鹊桥、女娲殿等。七星岩原是七星公园内普陀山腹的一段地下河。由于地下河岩洞的形成一般有两种：一是"岩洞的侵蚀地形"，如洞内的"银河鹊桥"景点，就是一个巨大的苍穹厅堂，宛如天空；二是"岩洞的堆积地形"，如石钟乳，石笋，石柱等此生沉积物组成，具有各种形态，千奇百怪。

<七星岩

四、独秀峰

　　独秀峰位于广西桂林市区中心靖江王城内，有"南天一柱"之称。山东麓的颜延元读书岩是桂林最古老的名人胜迹。独秀峰孤峰突起，陡峭高峻，气势雄伟，南朝文学家颜延元曾写下"未若独秀者，峨峨郛吧间"的佳句，独秀峰因此得名。

　　独秀峰如擎天柱一样竖直耸立，峰顶的独秀亭似乎被托着一般，威严而又壮观。西麓有太平岩，东麓有月牙池，月牙池畔有中山纪念塔，峰顶有独秀亭。在独秀峰下，唐有学宫，宋有铁牛寺，元称大圆寺，后改万寿殿。

独秀峰 >

　　　　　　　　　　　　　　　　　　　天下风景　美在广西

五、伏波山

伏波山位于漓江之滨，孤峰雄峙，半枕陆地，半插江潭，遏阻洄澜，故以为名。又因汉伏波将军马援南征经此，有远珠伏波传闻得名。唐时山上曾建有伏波将军庭。现有癸水亭、听涛阁、半山亭、远珠洞、试剑石、千佛岩、珊瑚岩等名胜，还有一口重 1000 余公斤的"千人锅"和重 2700 多公斤的大钟，为清定南王孔有德女儿为悼其父所铸。远珠洞内的试剑石，紧靠漓江，为一自洞顶垂悬而下之巨石，距地面仅寸许，戛然而断，实为奇观。相传为伏波将军试剑所致。远珠洞和千佛岩，分布着不少唐宋摩崖石刻和佛教摩崖造像，古称"伏波胜境"。在伏波山公园中，在三开对称、硬脊斜坡、黄琉璃瓦盖的仿古牌坊建筑。主体建筑上有楚图南书"伏波晚棹"的匾额；4 根主柱上挂着张安治撰书的 264 字长联。

< 伏波山

六、叠彩山

叠彩山旧名桂山，位于广西桂林市，滨临漓江。叠彩山名，是由唐朝元稹的侄子元晦游览了叠彩山之后，写了篇《叠彩山记》，记中说："按图经，山以石文横布，彩翠相间，若叠彩然，故以为名。"叠彩山与城中的独秀峰、漓江畔的伏波山鼎足而立，同为城内的游览胜地。叠彩山占地面积约2平方公里，由明月峰、仙鹤峰和四望山、于越山组成，横亘市区，景色优美，又易于攀登，为桂林山景中的一个热点。

山中佳景甚多，有叠彩亭、于越阁、瞿张二公成仁碑、仰止堂、风洞、叠彩楼、望江亭和拿云亭等名胜。山上历代名人的摩崖石刻尤多，为文物的精华。若登上明月峰，驻足拿云亭，全城景色画书眼底。"一面晴风四面山，望疑仙境在人间"。

在叠彩山明月峰与于越山之间，是一组以桂北侗族建筑形式为依据构筑的风景园林建筑群体，建筑面积1300平方米，1990年建成。叠彩琼楼

叠彩山 >

天下风景　美在广西

< 叠彩楼

以鼓楼和连廊为中轴线，将整个建筑分为东西两个院落；东院庭转院接，曲径通幽；西院开阔疏朗，小桥勾连。院落以池水为中心，东为高阁，西有亭廊，南设层楼，北置水榭。主体的鼓楼为 2 层歇山顶楼阁，前面是小巧的卷棚敞轩，其余为 1、2 层坡顶，局部突起重檐、3 重檐卷棚歇山顶或 6 角、8 角攒尖顶。整组建筑，主从分明，层次丰富，错落有致，富于变化，与自然环境和谐调协，具有仙山琼阁的意境。

七、桃花江

　　桃花江古名阳江，源于桂林市西北灵川县思磨山及维罗岭，经分界山，出马公岭，流经临桂、灵川入桂林，原在雉山麓汇入漓江，明代在象山开挖城壕，导入漓江，全长约 25 公里。因传江源有华岩洞，常有桃花片从洞中流出，故名桃花江。

　　桃花江上游阶地高约 1.5 米，下游阶地高约 2 米，其形成年代约一两万年前，当时江面较宽，流量较大，后来气候变冷，水量减少、水位下降，

桃花江 >

地面抬升，河道狭窄，大弯数十，小弯数百。在桂林地段的河道是一大"S"形和两小"S"形，如绿色飘带萦回于桂北岩溶盆地之中。

桃花江流经的都是石灰岩地区，江水澄澈，飞鸾桥至胜利桥一带，水流平缓，明净如镜，夹岸峰林，影落水中，分不清是景是影，辨不清影景孰胜。桃花江两岸，夹竹桃如火，田畴如绣，中隐、狮子、清季、甲山矗立。月夜景色更美，"阳江秋月"是古代桂林八景中颇具特色的一景。有赞桃花江："不似漓江，胜似漓江。"

八、桂湖

桂湖原名漂帛塘、西清宝贤壕，俗称"壕塘"，位于广西桂林秀峰区，水面面积 16.6 公顷，是桂林"两江四湖"工程的重要组成部分。

　　　　　　　　　　　　　　　天下风景　美在广西

< 桂湖

　　目前，桂湖是桂林最大的湖泊，所以以"桂"为名。桂湖有 3 座玉带石桥：西清桥、宝贤桥、丽泽桥。

　　桂湖边上还建起了棕榈园、木兰园、榕树园、银杏园、雪松园、游泳区、新西兰友谊园、水杉林、韩国友谊园、日本友谊园。

　　桂湖原是宋代桂林城的一段护城河，崇宁末年（1106 年），王祖道在老人山与隐山西湖之间开凿了一条朝宗渠，连接虞山，经回龙山、老人山到隐山的水上通道，与桂湖相连。

九、木龙湖

　　木龙湖位于广西桂林市区北部，东起漓江，西至中山北路，南靠叠彩山、北临东镇路，是两江四湖环城水系的重要组成部分。湖的上方有木龙洞，所以称为木龙湖。木龙湖的位置本来没有湖，是为了沟通漓江与内湖之水脉而掘土 45 万余方，以木龙湖为中心构成了木龙湖景区，突出了自然山水与历史文化相融合的特点。

山环水绕的木龙湖，整个景区周边自然景观优美，不仅有得天独厚的漓江、叠彩山优美的自然生态环境，还有历史久远的古宋城等众多历史文化遗迹，历史文化遗迹丰富。

木龙湖位于桂林市中山北路，是两江四湖中建筑最别具一格的一段湖面，它是在老城墙东门城的依托下，参照清明上河图等很多宋朝时期建筑改建而成的。由于后期建筑价格昂贵，也是四湖中唯一一处要买票进入的湖面。木龙湖的位置，在宋代是一排排的兵营，这个人工湖因为邻近木龙洞，故名木龙湖，木龙塔是以上海宋代的龙华塔为蓝本建造的，高 45 米。木龙湖是两江四湖里最小的一个，但是景色毫不逊色。

木龙湖 >

第二节 阳朔

一、月亮山

月亮山是桂林阳朔境内的奇景，它在高田乡凤楼村边，高380多米。因为山顶是有一个贯穿的大洞，好像一轮皓月，高而明亮，所以人们叫它明月峰，俗称月亮山。

游人可以顺着一条800多级的登山道直达月洞。月洞高宽各有50米，而山壁却只有几米厚。洞的两壁平整似墙，洞的顶部却挂满了钟乳石，形

< 月亮山

状各异。其中两块很像月宫里的吴刚和玉兔。在晴天的时候，游人可以透过月洞看到蓝天白云，好比一面挂在山巅上的圆镜。由于月洞的北侧有一座圆形的小山，所以游人走山南的"赏月路"，从不同的角度观赏月洞，可以看到圆月、半月和眉月的不同景象。

月亮山主峰海拔 1490.3 米，相对高差 1100 余米，山体雄伟高大，沟谷切割深长。因地处南亚热带，气候温暖湿润，珍稀动植物种类繁多，素有"物种基因库"之称。有若干与恐龙同时代的动植物，如尾班瘰螈、桫椤等。除常见的珍稀动植物外，尚有极为罕见的夜光蛇、脆蛇、七尾蛇、美女蛇等。月亮山因拥有独特的地理优势，山中古来百岁寿星众多，远远高出联合国规定的人口比例。目前寿龄最长者曾治川 145 岁去世，堪称我国之最。

二、遇龙河

古时成为安乐水，后因中游有著名的遇龙桥，改今名。遇龙河素有"小漓江"之称，特别是遇龙桥以下，至与金宝河汇合的合山江口约 12 公里

遇龙河 >

　　　　　　　　　　　　　　　　天下风景　美在广西

这一段，群峰叠耸、绿树丛生，田野纵横，村庄错落，可以观赏到遇龙桥、犀牛望月、穿山古寨、归义城遗址、五指山、双流口、骏马凌空等风光胜迹，是阳朔风景又一佳境。

阳朔遇龙河是一卷画轴，两岸山峦百态千姿，河畔翠竹叠嶂，蕉临四季常青，沿岸地稻田一年四季颜色不断变化，田野里一片生机勃勃的绿，诗情画意尽显其中。遇龙河地水清得见底，蓝得透亮，伫立江边，你会觉得它是头顶上那万里无云的天。

其中最令人流连的还是遇龙河上的两座古石桥——遇龙桥和富里桥。其中遇龙桥雄健壮美，它和旧县遗址附近的仙桂桥一样，都是无浆干砌的单拱石桥。遇龙河上大大小小的石桥、木桥，还有河中的二十八道滩，河畔的引水灌田的竹筒水车、岸边的古榕掩映的农庄，庄旁石阶层荡衣的村姑，垂钓的老翁，碧潭上嬉戏的鸭群和光腚的玩童，村舍间袅袅的炊烟，构成了一幅充满乡土风情的油画，好一幅"人间仙境"的绝妙图画。

< 遇龙桥

我爱广西

遇龙河传说

　　传说很久以前，东海有一条龙，巡游到此，看到如此胜景，觉得东海黯然失色，便潜藏下来不走了。这条龙晚上浮出水面贪婪地观赏美好的风光，后来忍不住有时白天也偷着出来，许多村民都曾见过，遇龙河因此得名。也有说遇龙河古名安乐水，后因中游有著名的遇龙桥，改为遇龙河。

三、蝴蝶泉

　　阳朔蝴蝶泉景区位于阳朔月亮山风景区"十里画廊"的精华旅游地段，是一个有效地把自然景观、历史文化、登山保健、环保科普及休闲度假集为一体的生态旅游景区。

　　阳朔蝴蝶泉集奇山、秀水、幽洞、田园风光为一体，穿花蝴蝶深深见，点水晴蜓款款飞。梦里蝴蝶泉位于阳朔月亮山风景区"十里画廊"的精华旅游地段，内有一个精巧的岩洞、有阳朔唯一的原始吊桥、高山流水瀑布、可鸟瞰阳朔"香格里拉"遇龙河和羊角山等精华田园风光的最佳观赏台、蜜蜂园、蝴蝶园（我国最大的活蝴蝶观赏园）等景点，还有攀岩、速降、滑降等最时尚的户外运动项目、"梁祝"歌舞实景演出，超脱喧嚣，回归自然。

　　景区主要由蝶洞、蝶桥、蝶山、梁祝表演、兰蜂园、蝶缘、蝶厅七大部分组成，它因蝶洞内有一股泉水从山腰悬崖涌出而得名。站在蝶洞门口，举目环视洞外的众多景观，令人心旷神怡。在这里可看到孙悟空在挥动大扇灭火的"火焰山"，锦秀田园，"酒瓶山"蝶洞正对的一座山峰尤为奇异，

∧ 蝴蝶泉

整座山造型如骆驼的两个驼峰，一驼峰边有一怪石凸起，恰似乌龟，乌龟的头、脚、背及背裙俱全。山脚下有一小洞，洞中央矗立一石，从进洞的方向看，活像一匹灰白的骏马低头拖着长长的尾巴进洞去；从出洞的方向看，又如一头大象翘着长鼻正步履蹒跚远行来。人们把山顶的怪石和山下的奇石合编成了一首歌谣：一块石头两个样，两块石头四不像。乌龟嘴脸骆驼背，进洞马来出洞象。你看像不像，又像又不像。画家到此难下笔，画得马来画不得象。

走出坚贞的"爱情门"，走过浪漫的蝶山瀑布，来到了"蝶桥"。蝶桥长50多米，高30余米，是用铁索、木板将两座山峰相连而成。人走在蝶桥上，头上是蓝天白云，周边是悬崖峭壁，脚下是一片空旷，伴着阵阵山风吹来，人在桥上晃晃荡荡，飘飘欲仙。

四、兴坪古镇

兴坪集镇早在三国吴甘露元年（公元 265 年），即已为熙平县治，管辖阳朔一带，隋代开皇十年（公元 590 年）废熙平县改置阳朔县，兴坪遂为阳朔县所辖。境内不仅有九马画山、螺狮山、莲花岩、天水寨、灵宝阁等八大景区、24 个风景点让人叹为观止，还有明代建筑腾蛟庵，1998 年 7 月，时任美国总统克林顿游览漓江并到兴坪渔村访问，更激起了不少中外游客慕名前往游览。

兴坪是漓江上一颗璀璨的明珠，从兴坪古镇东南至漓江榕树潭、古渡码头，便于居民、客商来往，各省的会馆建筑于古街的两旁，各类砖瓦结构的古建筑大部分保存完好。古街的东南侧狮子旦为熙平县城遗址。城墙轮廓尚清，随处可见古砖瓦陶瓷残片，只是原来车马来往人看人的繁华

∧ 兴坪古镇

县城，呈现出一派青山幽幽、村舍几座的肃静氛围。令人不解的是，传说为建县时所种的一株8人方可合抱的古榕树，仍枝繁叶茂，其根须竟将5尊菩萨、一块重约20吨的大石头吞进树里，仿佛是在向人们诉说着古镇一千七百三十多年来的历史沧桑。

兴坪素以山水秀丽、景甲天下而著称，是旅游名县阳朔县的旅游重镇。位于阳朔县城东北部。漓江在此绕了一个大弯，境内江段长达20多公里，两岸群峰连绵，如剑芒排扦，奇特怪异，万态千姿，绿水潆洄，青山环列，倒影幢幢，翠竹成林，垂柳如茵，泛舟江心帆星点点，相映成趣。

三国时期东吴在此设熙平县治，后以熙平谐音而改名兴坪。这里群山合抱，碧水如带，名胜有"三岩、五井、十三山"之说。江的沿岸翠竹垂柳，随风飘拂，倒映江中的疏林和群峰，化入天际，沉入水底。到了傍晚时分，五指山下尤如仙境，几叶渔舟穿梭不停，景色神奇。叶剑英元帅游览后曾称赞到："果然佳胜在兴坪。"画家徐悲鸿到此写生，也说："阳朔美景在兴坪。"

五、阳朔大榕树

阳朔大榕树矗立在金宝河畔，枝繁叶茂，浓荫蔽天，所盖之地有一百多平方米。相传已有千年历史，虽然树干老态龙钟，盘根错节，但仍然生机勃勃。相传此树植于晋代，距今已有1500多年。

大榕树位于阳朔县城南，树高17米，树围7.05米，远望似一绿色巨伞撑立地上。隔河有穿岩，组成穿岩古榕景点。阳朔大榕树景区是世界岩溶喀斯特地貌峰林峰丛最集中、最典型、最有代表性的地方，以奇特的岩溶喀斯特地貌、如诗如画般的山水田园风光和丰富的壮族少数民族民俗文化闻名天下。诗情画意韵律优美的稻田、清澈见底的小河、青翠湿润的山峰、凤尾竹、壮家村寨、水车、清新爽人的空气，标示着这里人与自然的完美和谐，更似一幅艺术水平极高的中国水墨山水画长卷。

大榕树 >

知识小百科

大榕树传说

相传这是晋代所植，迄今已有千年历史，虽然树干老态龙钟，盘根错节，但仍然生机勃勃。在电影《刘三姐》里，刘三姐就是在这棵树下向阿牛哥吐露心声，抛出传情绣球的。在金宝河的对岸有一座小山，中间的山洞是透空的，就像一座石门，可以让人随意穿行，因此得名"穿岩"。在榕树和穿岩之间有个渡口，人称"榕荫古渡"。在穿岩的临河处有一块石头，颇像一只胖乎乎的小熊正在爬山。于是民歌唱道："金钩挂山头，青蛙水上浮，小熊满山跑，古榕伴清流。"当年刘三姐抛绣球给阿牛哥，与阿牛哥私订终身就是榕树作的媒。起初，三姐有情，而阿牛哥无意，三姐又借山歌表情达意，但阿牛哥仍不能会意，于是三姐约阿牛哥到榕树下，抛出一个绣球给阿牛哥。阿牛哥不敢去捡，三姐就托榕树把自己的心思悄悄告诉了阿牛哥。阿牛哥这才捡起绣球与三姐订下了终身。

天下风景　美在广西

第三节　德天瀑布

　　德天大瀑布位于中越边境，广西大新县，为国家级景点。瀑布横跨中国、越南两个国家，是亚洲第一、世界第四大的跨国瀑布。瀑布气势磅礴，一波三折，层层跌落，水势激荡，声闻数里。瀑布河水时急时缓，时分时合，迂回曲折于参天古木间；更有花草掩映，百鸟低徊。江水忽遇断崖，飞泻而下，站在瀑布之下，水汽蒸腾，上接云汉，其滚滚洪流，折而复聚，连冲三关。仰望瀑顶，群峰浮动，巨瀑如海倾；水沫飞溅，如万斛明珠。德天瀑布雄奇瑰丽，变幻多姿，碧水长流，永不涸歇，无论春夏秋冬，阴晴雨雾，均各具情态。其魄力，其气势，其风采，震魂摄魄，摇动心旌。

< 德天瀑布

春夏季节的德天瀑布，河水溢涨，激流排山倒海冲泻而下，响声如雷，水雾遮天，很像一位阳刚气十足的魅力男人。其间，木棉花竞相开放山野，如火的木棉散布在一片银河倾盆之间，把德天瀑布点缀得分外美丽；翠竹掩映下的褐色居屋云雾缭绕的风景实在令人心旷神怡。木棉又称红棉，是南方特有的乔木，开花时满树彤红。木棉树高大挺拔，但不成群，都是散落而不经意地进入人们的视野。此地山腰布满红艳艳的木棉，山底是碧水涟涟的小瀑布群，景色十分迷人，而谷底则是一片面积约 5000 平方米的绿水休闲区和水中红杉树林园，是人们泛舟、垂钓、漫游水中丛林的好去处。

瀑布周围的群山有层层梯田。秋天，铺金，层林尽染。一眼望去，绿水梯田，奇峰错列，轻纱袅袅，民居水车，耕夫荷锄；小桥流水间有竹筏穿行，那是渔人在撒网捕鱼，一幅美妙的青山绿水南国田园风光尽现眼前。

第四节　北海

一、北海银滩

北海银滩度假区有银滩公园、海滩公园、恒利海洋运动度假娱乐中心三个度假单元，陆岸住宅别墅和酒店群。海水浴、海上运动、沙滩高尔夫、排球、足球等沙滩运动以及大型音乐喷泉观赏、旅游娱乐等是北海银滩旅游度假区的主要内容。

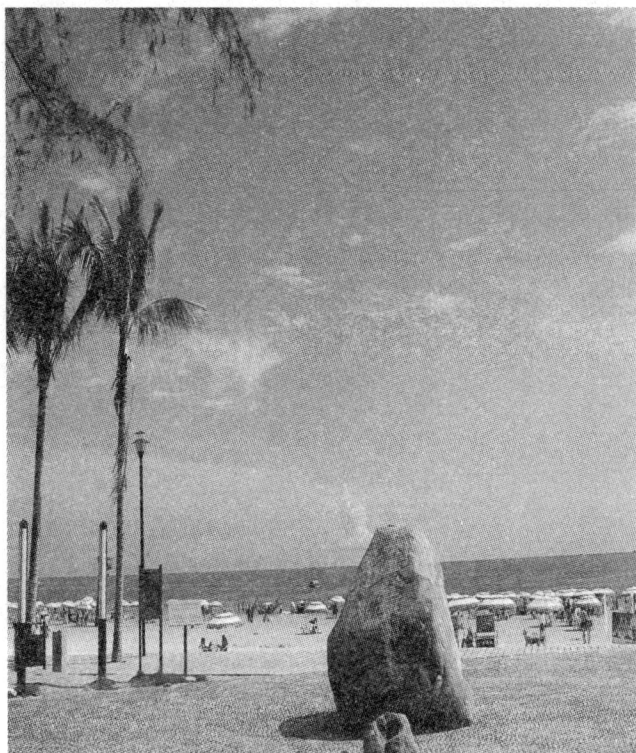

< 北海银滩

度假区内的海域海水纯净，陆岸植被丰富，环境优雅宁静，空气格外清新。由于其具有"滩长平，沙细白，水温净，浪柔软，无鲨鱼"的特点，可容纳国际上最大规模的沙滩运动娱乐项目和海上运动娱乐项目，是我国南方最理想的滨海浴场和海上运动场所。

浴场宽阔，海水退潮快，涨潮慢，沙滩自净能力强，游泳安全系数高，海水透明度大于2米，超过我国沿海海水平均标准的一倍以上，年平均水温23.7℃，每年有9个多月可以入水游泳；公园内，空气中负离子含量数为内地城市的50至1000倍，空气特别清新，是各类慢性及老年性疾病患者最适宜的疗养环境，因而被许多中外专家认为是中国最理想的海滨浴场和度假疗养胜地，有"南方北戴河"之誉。

银滩公园内，楼台阁宇风格各异；林荫小道曲折蜿蜒；椰树林独具风情。信步海堤，海天一色，白云朵朵，令人如入仙境，流连忘返。西南端还有冠头岭，林木茂盛，葱茏苍翠，像一条青龙横卧海边，临海壁陡，峰险洞奇，登高可观日落日出，倚壁可观涛望海。

公园内建有生态广场，造型独特，线条优美；花木繁茂，郁郁葱葱，建有 30 多幢具有滨海特色，风格各异的楼台阁宇；有曲折宛延伸展的林荫小道；有反映北海人精神风貌的大型雕塑——海恋；育独具南国风情的椰树林；还有供游客观赏娱乐的太空船、高空飞车、异国珍奇鸟类表演、越南民族风情表演、俄罗斯风情表演和海上跳伞等游乐表演项目，可欣赏精湛演出技艺，可搏击海面，亦可信步海堤，这里海天相连，海帆点点；波涛滚滚，白云朵朵，令人如入仙境，心旷神怡。

二、涸洲岛

涸洲岛是一座位于广西壮族自治区北海市南方北部湾海域的海岛，是我国最大、地质年龄最年轻的火山岛。该岛位于北部湾中部，北临广西北海市，东望雷州半岛，东南与斜阳岛毗邻，南与海南岛隔海相望，西面面向越南。

涸洲岛岛屿南北方向长 6.5 公里，东西方向宽 6 公里，总面积 24.74 平方公里，海岸线全长 36 公里，南面海岸最高海拔 79 米。地势由南向北倾斜，岛屿北部为熔岩沉积形成的丘陵地带，南部为古火山口形成的港湾，港湾沿岸有岛上最大的居民聚居点涸州镇。全岛无河流，岛屿西北部的西角水库是主要淡水来源。沿岛屿海岸线分布有火山地貌、海蚀地貌、古地震遗迹，古海洋风暴遗迹等。岛周边海域生长有大片珊瑚礁。

岛上主要植物有仙人掌、木麻黄、台湾相思树、菠萝蜜、银合欢和桉类等，全岛目前森林面积为 4.31 平方公里，主要为沿海防护林。

　　岛上自然风光景点有猪仔石、火山公园、芝麻滩、地质博物馆等，古建筑有三婆庙、圣母教堂、法国天主教堂等。

三、星岛湖

　　星岛湖位于北海合浦县西北部 24 公里处的洪潮江水库，大大小小1026 个岛屿宛如一颗颗璀璨的星星撒落在方圆 600 平方公里的绿水碧波上，星岛湖因此得名。星岛湖冬暖夏凉，湖面宽阔，水道幽深，峰回水转，四面青山环绕，星罗棋布的岛屿依偎相望，湖水清澈湛蓝，湖光山色，绿荫苍翠，漫山花果，鸟语花香，百花争妍，这里水依岛，山绕水，水在林中流，山在林中长，湖、岛、山共存，山、岛、水媲美。

∧ 星岛湖

　　星岛湖农家乐主要经营有：种植区，养殖区和综合游乐区。其中种植区有：四季果园和野菜园，有荔枝园、龙眼园、蟠桃园、艺果园，还设有绿色长廊贯穿众多果园，直通大门服务区，让游客进入绿色的世界，花果的海洋，营造别样的观光游览、休息通道。

四、白龙珍珠城

　　白龙珍珠城位于距北海市东南的营盘镇白龙村，传说古时曾有白龙盘旋于此，得名白龙城；因白龙城濒临大海，盛产质优色丽的上等珍珠，古城墙内外砌火砖，中心每层黄土夹一层珍珠贝贝壳，层层夯实，故又得珍珠城之美名。

<白龙珍珠城遗址

知识小百科

白龙珍珠城美丽传说

相传明代时，皇帝听说白龙海中有宝珠一颗，光照海天，但有巨鲨二尾守护，多年无法采得，特派太监坐镇白龙城强迫珠民下海采捕夜光珠，结果造成珠民死伤无数。采珠能手海生历尽磨难，幸得珍珠公主救助，终于得到了这颗夜光宝珠。太监将珍珠收好，快马加鞭，直奔京城，刚到三里外的杨梅岭下，忽然海面泛起白光，一查之下，宝珠竟不翼而飞。太监只好又赶回白龙城，用更残忍的手段强逼珠民寻珠，为拯救珠民，珍珠公主再次献出了宝珠。太监谨记教训，将自己股部割开，塞入夜光珠，包扎严实后，立即起程回京。岂料走过杨梅岭时，晴天霹雳响彻天际，一道闪电划向大海，太监大惊，割开伤口，珍珠早已不在。惊吓过后，太监自知无法交差，于是吞金自尽，据说珍珠城外的一堆黄土，便是当年太监的葬身之所。另据史料记载，唐宋时期许多到合浦地区贩卖珍珠的波斯人为免途中遭遇劫掠，"遂将珠藏于股中"，由此可见，"割股藏珠"也是确有其事的。

白龙珍珠城遗址为正方形,南北长320米,东西宽233米,周长1107米,墙高6米,城基宽6米,条石为脚,火砖为墙,中心黄土夹珠贝夯筑而成。面积七万多平方米,分东、南、西三个城门,门上有楼,可瞭望监视全城和海面,城内设采珠公馆,珠场司、盐场司和宁海寺等。城墙内外砌火砖,中心每10公分一层黄土夹一层珍珠贝贝壳,层层夯实,珍珠城因此得名。城墙周围可见古代加工作坊的遗址和明代钦差大臣《李爷德政碑》、《黄爷去思碑》等遗迹。残贝散落,遍地皆是,可见当年采珠之盛。

五 合浦汉代墓葬群

合浦是北部湾畔的历史文化名城,岭南古郡。在先秦时期为百越之地,骆越之境。秦始皇统一中国之后,在岭南置南海、桂林、象郡,合浦地属

∧ 合浦汉代墓葬群

象郡所辖。秦末汉初，南越国坐拥岭南一方，合浦为其统辖之土。《汉书》记载，汉武帝灭南越国之后，于元鼎六年（公元前111年）开始设置合浦郡，此为"合浦"一名出现于史册之始，至今已历经两千余年。

合浦的汉代墓葬中出土了大批珍贵的文物，既有具浓厚岭南风格的陶器与青铜器物，又有类似于中原的金银玉器；而且，汉墓出土了一大批明显带着异域色彩的水晶玛瑙、玻璃琥珀等饰物与器皿。这些出土文物充分反映了合浦社会经济的发展及岭南手工业生产技术的精湛；也展现了合浦港作为汉代对外贸易大港和我国古代"海上丝绸之路"始发点之一的兴盛的面貌。在已出土的合浦汉墓文物中，陶器所占数目最大，其次为青铜器，水晶玛瑙、金银玉石等贵重的饰件或礼葬之器又次之。

合浦出土的青铜器的典型的代表是1971年望牛岭西汉晚期木椁墓出土的一对铜凤灯，造型为昂首回望的凤鸟，腹颈部中空且相通，背部圆孔上置一浅圆形灯盘；凤颈后弯，以双管相套接，可拆开与转动，可调节灯光；凤嘴衔喇叭形灯罩，罩通颈腹以容纳灯炬的烟灰，保持空气清洁；扁平的长尾下垂及地，与双足平衡器身。凤灯通体细刻羽毛纹。其制作是科学性与艺术性的完美结合，堪称瑰宝。此外，青铜出土文物中的龙首柄铜魁，人形三足承盘、活链龙首提梁壶，孔雀纽三熊足铜樽，錾刻守门卫士干栏式铜仓，人面纹和人臂执刀铜铺首，错金铜剑等等器物，也是罕见的艺术珍品。

合浦出土了一批玉质异常坚密润泽，洁白华美的玉器，有子母扣龙、鹘形玉带钩、蟠螭形玉佩以及透雕"宜子孙，日益昌"出廓玉璧等等器物。而龙首金带钩与镂嵌金花珠链等黄金饰物制作上可谓巧夺天工。《汉书·地理志》记载，汉武帝时起，我国与南洋诸国的海上交通贸易甚为发达，合浦当时是我国同东南亚各国及地区友好贸易往来的主要海港，由此"入海市明珠、璧流离，奇石异物，黄金杂缯而往"。

合浦汉墓出土文物浓缩了二千年前合浦郡的社会历史面貌，于无声中展示了这一"海角名区，还珠故郡"的古老文明，昭示今人在西部大开发中沿着古人开拓的"海上丝绸之路"发愤图强，走向世界。

第五节　黄姚古镇

　　黄姚古镇位于广西昭平县，地处桂林漓江下游，素有"梦境家园"之称。古镇发祥于宋朝开宝年间，距今已有近千年历史。全镇方圆3.6平方公里，为典型的喀斯特地貌。镇内山水岩洞多，亭台楼阁多，寺观多，祠堂多，古树多，楹联匾额多。有山必有水，有水必有桥，有桥必有亭，有亭必有联，有联必有匾，构成古镇独特的风景。

　　景区为典型的喀斯特地貌，奇峰耸立，溶洞幽深，清溪环绕，古树参天。自然景观有八大景二十四小景，保存有寺观庙祠20多座，亭台楼阁10多处，多为明清建筑。

黄姚古镇 >

天下风景　美在广西

< 古镇风貌

　　黄姚古镇的自然人文景观中，著名的有文明阁、宝珠观、兴宁庙、狮子庙、古戏台、吴家祠、郭家祠、佐龙寺、见龙寺、带龙桥、护龙桥、天然亭等景观建筑。全镇八条街道，房屋多数保持明清风格，街道均用青石板砌成。人文景观还有韩愈、刘宗标墨迹，中共广西省工委旧址纪念馆、钱兴烈士塑像、何香凝、高士其、千家驹等文化名人寓所，以及许多诗联碑刻。

第六节　龙脊梯田

　　龙脊梯田景区面积共 66 平方公里，梯田分布在海拔 300 至 1100 米之间，坡度大多在 26 至 35 度之间，最大坡度达 50 度。从山脚盘绕到山顶，

我爱广西

小山如螺，大山似塔，层层叠叠，高低错落。从高处望去，梯田的优美曲线一条条、一根根，或平行或交叉，蜿蜒如春螺、披岚似云塔，显示了动人心魄的曲线美。其线条行云流水，潇洒柔畅；其规模磅礴壮观，气势恢弘，有"梯田世界之冠"的美誉。

龙脊梯田景区内居住着壮族、瑶族两个民族，以壮族为主，龙脊的壮族是北壮的代表，服饰独特，风情独具，在这里你可以看到古朴的壮族民间舞蹈和保护完美的壮族服饰，可听到优美的壮族山歌，享受原汁原味的壮族风情，传统习俗壮乡民居，香纯味美的龙脊铜鼓舞、师公舞、打扁担，令人耳目一新，此外，还有古朴的壮乡民居，香纯味美的龙脊茶和龙脊辣椒，沁人心肺的"东方魔水"——龙脊水酒。

龙脊梯田始建于元朝，完工于清初，距今已有650多年历史，是广西二十个一级景点之一。龙脊开山造田的祖先们当初没有想到，他们用血汗和生命开出来的梯田，竟变成了如此妩媚潇洒的曲线世界。

在漫长的岁月中，人们在大自然中求生存的坚强意志，在认识自然和建设家园中所表现的智慧和力量，在这里被充分地体现出来。

龙脊梯田 >

第七节　灵渠

灵渠古称秦凿渠、零渠、陡河、兴安运河，位于我国广西壮族自治区兴安县境内。灵渠建成于公元前214年，全长37.4公里，是世界上最古老的运河之一。

灵渠由铧嘴、大小天平、南渠、北渠、泄水天平和陡门组成，设计科学，建筑精巧，铧嘴将湘江水三七分流，其中三分水向南流入漓江，七分水向北汇入湘江，沟通了长江、珠江两大水系，成为秦代以来中原与岭南的交通枢纽，为秦始皇统一中国起了重要作用。

灵渠的"大小天平"坝，又称铧堤，是建筑在湘江中的一座滚水堤坝。大小天平石堤起自兴安城东南龙王庙山下呈"人"字形，左为大天平石堤，

< 灵渠

飞来石与三将军墓的神话传说

传说灵渠始建时，由于妖魔猪婆精经常作恶毁渠，使秦始皇派来修渠的两位主工匠因延误时机被杀，此后第三位主工匠又被派来修渠，在神仙的帮助下，从遥远的四川峨眉山飞来一块巨石，把正在作恶的猪婆精镇压在秦堤之上，永世不得翻身，灵渠终于修建成功了。而第三位主工匠却因不愿独享功名自杀在湘江岸上，于是便有了三将军墓与飞来石的神话传说。时光流逝，沧桑变迁，数千年来，飞来石还默默地静立在秦堤之上，担当着护堤的神圣使命。

伸向东岸与北渠口相接；右为小天平石堤，伸向西岸与南渠口相接。因其能"称水高下，恰如其分"故取名"天平"。

灵渠两岸风景优美，水清如镜、古树参天、文物古迹众多，已成为桂林著名的旅游胜地。

第八节　友谊关

友谊关，原称镇南关，位于广西壮族自治区凭祥市友谊镇隘口村，湘桂铁路穿越峡谷连接越南谅山，是我国和越南之间的重要关口。自西汉始建，又称鸡陵关、大南关和界首关，是我国九大名关之一。

<友谊关关楼

　　友谊关关楼在帝国主义的侵略炮火中曾两次被毁。1957年基本按原貌重建。整座关楼由底座和回廊式楼阁两部分组成，通高22米。底座建筑面积为365.7平方米，长23米，底宽15.9米，平均高度为10米。公路从隧道形单拱城门通过，拱门上方用汉白玉雕刻的"友谊关"三个刚劲有力的大字，是当年任国务院副总理兼外交部长的陈毅元帅题写的关名。

　　友谊关，居桂边平而关、水口关、友谊关三关之首。因其建筑雄伟，形势险峻，故又有"天下第二关"之称，也是历代为我国南疆边防要隘、战略要地。位于广西凭祥市中越边境上，关楼两边百余丈，如巨蟒分联两山之麓，气势磅礴，是嵌镶在中越边境上的一颗璀璨明珠。现在我们所看见的关楼风姿伟岸，楼前有宽阔的广场，两旁木棉挺拔，松柏常青。广场前侧有棵千年古榕，伞形的树冠，绿叶婆娑，仿佛在诉说友谊关悠久而古老的故事。

第七章

为八桂喝彩
——改革开放中的广西

改革开放 30 多年来，广西经历了从农村改革到城市改革、从局部改革到全面改革、从商品经济要素的引入到探索建立和逐步完善社会主义市场经济体制的历史进程，推进从"富民兴桂"到"富民强桂"的跨越。这是广西经济社会繁荣发展的最好时期，也是人民群众生活改善最大、得实惠最多的时期，充分证明了改革是发展的强大动力和源泉。

∧ 南宁构建立体综合交通运输大通道

广西壮族自治区成立的五十年，是广西各族人民艰苦奋斗，克服前进道路上的种种困难，经济和社会建设从徘徊走向快速发展，综合实力不断增强的五十年；是广西推进改革开放，认识世界、走向世界的五十年；是深入贯彻党的民族政策，各族人民团结和睦，共同繁荣进步的五十年。五十年来，特别是党的十一届三中全会、十三届四中全会和十六大以来，全区改革开放和现代化建设不断推进，社会和谐稳定，民族团结和睦，边疆坚壁巩固，人民安居乐业，国民经济经保持平稳快速发展，综合实力大幅提升。

"十一五"时期是广西发展史上极不平凡的五年。面对百年不遇的雨雪冰冻灾害、百年不遇的国际金融危机冲击、百年不遇的特大干旱灾害，在党中央、国务院的正确领导下，自治区党委、政府坚持以科学发展观为统领，坚决贯彻落实中央的方针政策，紧密结合实际，及时作出一系列重大决策部署，团结带领全区各族人民，克难攻坚，锐意进取，保持和扩大了经济社会平稳较快发展的良好势头，胜利完成"十一五"规划主要目标任务，经济社会发展和人民生活水平迈上了新的台阶。

一、经济实力明显增强

经济持续较快发展，年均增速进入全国前列，实现 12 个主要指标翻一番以上，其中：地区生产总值从 2005 年 3984 亿元增加到 2010 年 9502 亿元，翻 1.25 番。按可比价格计算，"十一五"年均增长 13.9%，比"十五"快 3.1 个百分点；人均生产总值由 8590 元增加到 2010 年 19470 元左右（折合约 2930 美元），翻 1.18 番，年均增长 12.8%；工业增加值由 1265 亿元增加到 3860 亿元，翻 1.61 番，年均增长 19.4%；第三产业增加值由 1561 亿元增加到 3321 亿元，翻 1.09 番，年均增长 12.7%；全区规模以上工业企业利润总额由 135 亿元增加到 466 亿元，五年累计 1502 亿元，比"十五"翻 1.93 番；财政收入由 475 亿元增加到 1228.7 亿元，翻 1.37 番，年均增长 20.9%；全社会固定资产投资由 1769 亿元增加到 7859 亿元，翻 2.15 番，年均增长 34.7%；社会消费品零售总额由 1406 亿元增加到 3272 亿元，翻 1.22 番，年均增长 18.4%；进出口总额由 51.8 亿美元增加到 177 亿美元，翻 1.77 番，年均增长 27.8%；实际利用外资由 6.4 亿美元增加到 20 亿美元，翻 1.64 番，年均增长 25.6%；金融机构存款余额由 4203 亿元增加到 11814 亿元，翻 1.49 番，年均增长 23%；金融机构贷款余额由 3057 亿元增加到 8980 亿元，翻 1.55 番，年均增长 24.1%。

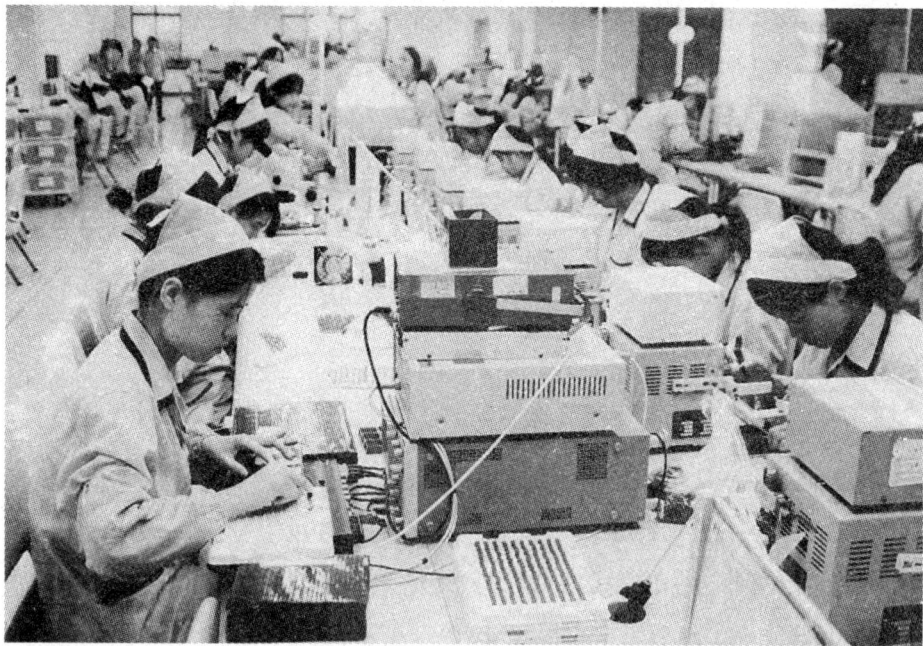

∧ 突飞猛进的广西工业生产

二、基础设施支撑能力大幅提升

基础设施建设累计投入 7777 亿元，开工和续建铁路 29 条，区内建设里程 3300 公里，铁路营运总里程达到 3200 公里；开工和续建高速公路 39 条，建设里程 3400 公里，高速公路通车总里程达到 2574 公里，全区公路总里程突破 10 万公里，基本实现中心城市通高速公路，全面实现县县通二级以上公路和乡镇通油路；沿海港口吞吐能力达到 1.2 亿吨，跨入亿吨级现代化大港行列；西江黄金水道开发建设加快推进，内河港口吞吐能力 6000 万吨；民航机场年旅客吞吐量超过 1200 万人次，开通 9 条通往东盟国家的国际航线，西南出海大通道发挥重要作用。发电总装机容量 2530 万千瓦，其中水电装机 1510 万千瓦，成为国家"西电东送"重要电源基地。开工建设桂林防洪及漓江补水、桂中治旱乐滩饮水灌区一期等一批重大水利工程，548 座大中型病险水库除险加固全部完成，防洪抗旱能力明显提高。

∧ 中国西部第一大港——防城港

为八桂喝彩——改革开放中的广西

三、产业结构调整取得重大进展

三个产业结构由 2005 年 22.9 ∶ 37.9 ∶ 39.2 调整为 2010 年 17.6 ∶ 47.5 ∶ 34.9。工业增加值比重由 31.7% 提高到 40.6%，工业化率由 1.39 提高到 2.31，工业化进入中期阶段。工业总产值突破万亿元，食品、汽车、冶金率先成为千亿元产业，上汽通用五菱成为国内首个汽车产量突破 100 万辆的企业，自主研发的中级轿车等新产品填补区内空白，柳钢跻身全国千万吨钢企行列。食糖产量占全国总产量的 66%，微型汽车、轮式装载机、柴油内燃机等市场占有率全国第一。氧化铝产能达到 660 万吨、汽车 150 万辆、水泥 9000 万吨、炼油 1200 万吨、炼钢 1200 万吨。产值超 100 亿元的园区由 3 个增加到 15 个，销售额超 30 亿元的强优企业从 11 家增加到 30 家。柳州高新技术产业开发区升格为国家高新区。特色优势农业加快发展，农业综合生产能力显著提高，甘蔗、桑蚕、木薯、速生林、八角等特色农产品产量稳居全国首位。旅游、物流、金融、会展、信息等现代服务业加快发展，旅游业总收入达到 953 亿元。

四、城乡建设成效显著

城镇化加快推进，城镇化率达到 40% 左右，城镇人口突破 2000 万人，城镇建成区面积增加到 2197 平方公里，城市道路达到 1 万公里以上，供水普及率 92%，燃气普及率超过 90%，城镇综合承载力明显提高，人居环境明显改善，辐射带动能力明显增强。新农村建设取得可喜成效，基本实现村村通公路，行政村通电率 100%，户通电率 99.55%，20 户以上通电自然村通电话、通广播电视，80% 以上的行政村能上网，全面实施

广西农业稳步增长 >

城乡清洁工程和城乡风貌改造，农村生产生活条件显著改善，城乡面貌焕然一新。

五、"两区一带"协调发展格局初步形成

广西北部湾经济区开放开发上升为国家战略，经济区经济总量占全区比重达31.8％，沿海现代重化工业布局加快形成，建成钦州保税港区、南宁保税物流中心、凭祥综合保税区和北海出口加工区等海关特殊监管区，成为全国发展最快、活力最强、潜力最大的新增长区域之一。西江黄金水道开发建设带动西江经济带快速发展，建成南宁至贵港1000吨级、贵港至梧州2000吨级高等级航道，沿江中心城市形成汽车、机械、冶金、建材及高新技术等产业布局，承接东部产业转移势头迅猛。桂西优势资源开发力度加大，形成铝、锰、有色金属、水能、制糖、红色旅游、农产品加工等在全国有重要影响的特色优势产业基地。

六、重大项目建设取得历史性成就

全社会固定资产投资累计超过 2.25 万亿元，是"十五"时期的 4 倍，人均投资 1.6 万元。累计建设重大项目 7615 项，总投资 3.24 万亿元，其中开工 6872 项，竣工投产 3818 项，完成投资 1.3 万亿元。中石油钦州千万吨炼油厂建成投产，填补了西南地区没有大型炼油厂的空白；防城港红沙核电项目开工建设，成为西部地区首座建设的核电站；龙滩水电站投产运行，成为全国运营第二大水电站；洛湛铁路广西段通车，改写了桂东地区无铁路的历史；南宁至广州高速铁路开工，开启了广西铁路现代化建设的新时代。

七、生态文明建设成果丰硕

生态文明示范区建设全面推进，国家下达的"十一五"节能减排和淘汰落后产能目标任务全面完成。集中建设一批城镇污水垃圾处理设施，成为全国第 9 个、西部第 2 个县县建成污水处理厂的省区，城镇污水集中处理率和生活垃圾无害化处理率分别由 8.86%、32.92% 提高到 60.6% 和 60%。制糖行业循环经济发展模式走在全国前列，成为全国第一个封闭使用非粮车用燃料乙醇的省区。"十一五"累计造林超过 1700 万亩，全区现有森林面积约 20290 万亩，活立木总蓄积量达 6 亿立方米。到 2010 年底，森林覆盖率达到 58%，比 2005 年提高 5.3 个百分点，居全国第 4 位；累计建成农村沼气池 371.3 万座，比 2005 年新增 106 万座，沼气池入户率达 46.4%，居全国第 1 位。设区城市空气质量优良率超过 99%，重点流域水质达标率100%，近岸海域环境达标率85%。"山青水秀生态美"成为一大优势和亮丽品牌。

八、和谐社会建设呈现新局面

"十一五"期间人民生活明显改善，全区各级财政在民生领域的投入累计达到3305.15亿元，是"十一五"的3.61倍。解决1063.7万农村人口的饮水安全问题，改造26.23万户农村居民和华侨农林场危旧房，帮助114万农村人口脱贫。大石山区、桂西五县、重点库区等基础设施建设大会战以及桂西北少数民族村寨改造三年任务全面完成，大石山区人畜饮水工程建设大会战加快推进，大中型水库移民后期扶持政策全面落实。城镇新增就业188.32万人，农村劳动力转移就业396.45多万人，享受政府最

∧ 繁荣的市场经济

为八桂喝彩——改革开放中的广西

低生活保障的城市居民和农村居民分别达到 64 万户和 316 万户，16.34 万户城镇居民享受廉租住房。社会保险待遇大幅度提高，新型农村合作医疗农民参合率达到 93.1%，城镇企业职工基本养老保险实现自治区级统筹，220 多万农村居民参加新型农村养老保险。建成五保村 6852 个，供养对象 10 万人。城镇居民人均可支配收入由 2005 年的 8917 元增加到 2010 年的 17064 元，年均增长 13.9%；农村居民人均纯收入由 2495 元增加到 4543 元，年均增长 12.7%。

社会事业全面加强。实现第四轮科技创新计划成效明显，攻克一批重大共性关键技术，建成 126 个人才小高地，组建 23 个自治区级千亿元产业研发中心。在全国少数民族自治区中率先实现义务教育"两基"攻坚目标，城乡免费义务教育全面实现，在全国率先实施的三年职业教育攻坚计划胜利完成，高等教育在校生规模超过 70 万人，家庭经济困难学生资助实现全覆盖。文化事业和文化产业繁荣发展，文化软实力实现新提升，城乡社区基本公共文化服务能力快速提升，文化惠民工程硕果辉煌，广播、电视人口综合覆盖率分别达到 95%、97%，组建一批文化产业集团，打造一批重点文化产业基地。群众体育蓬勃发展，竞技体育屡创佳绩。城乡社区基层医疗机构和公共卫生服务体系加快完善，公共卫生应急能力、重大疾病预防控制能力不断加强。人口和计生服务水平进一步提高。整合资源建设村级公共服务中心取得突破。老龄、妇女儿童、残疾人、社会福利、慈善等各项事业取得新成绩。

社会大局和谐稳定。社会主义精神文明和民主法制建设全面推进，社会主义核心价值体系建设不断加强，"和谐建设在基层"活动全面展开，社会治安综合治理和平安广西建设成效突出。国防教育和国防后备力量建设深入开展。隆重庆祝新中国成立 60 周年、自治区成立 50 周年、纪念百色起义龙州起义 80 周年等重大活动成功举办。平等、团结、互助、和谐的社会主义民族关系进一步巩固，中央充分肯定广西是民族团结的模范、维护统一的模范、维护稳定的模范，是我国民族关系"三个离不开"的模范。

我爱广西

九、改革开放实现重大突破

政府职能加快转变，国有企业、财税、金融、投资、价格等重点领域改革和农村综合改革深化推进，组建北部湾国际港务集团、北部湾投资集团和北部湾银行，以及交通、铁路、城建、旅游、金融等一批投融资平台。医药卫生体制五项重点改革全面推进，中长期教育改革和发展规划纲要启动实施。非公有制经济规模占全区经济总量比重达到55％左右。成功承办我国——东盟建立对话关系15周年纪念峰会、我国——东盟自由贸易区论坛、中越青年大联欢等活动，我国——东盟博览会和我国——东盟商务与投资峰会、泛北部湾经济合作论坛的国际影响力越来越大，5个东盟国家在南宁设立领事机构，与世界五大洲26个国家建立58对国际友好城市，居西部地区第1位。泛北部湾、大湄公河、中越"两廊一圈"等次区域合作及南宁—新加坡经济走廊建设务实推进，中越跨境经济合作区建设加快推动。在大陆省区市中率先赴台成功举办大规模综合性经贸文化交流活动，桂台实现全方位交流对接，桂港、桂澳合作不断深化。参加泛珠三角、大西南、长三角、环渤海等多区域合作成效显著。广西成为我国—东盟开放

日新月异的南宁城市建设 >

　　　　　　　　　　　为八桂喝彩——改革开放中的广西

合作的前沿和窗口，成为连接多区域的交流桥梁、合作平台、国际通道。

广西各族人民按照胡锦涛总书记"保增长、保民生、保稳定，保持广西发展良好势头"的重要指示精神，全面贯彻落实国务院关于进一步促进广西经济社会发展的若干意见，继续贯彻落实中央应对国际金融危机冲击的一揽子计划，抓内需促发展，抓调整促转变，抓统筹促协调，抓改革促活力，抓开放促合作，抓保障惠民生，巩固和扩大了经济社会发展良好势头，全区地区生产总值实现 9502.4 亿元，比上年增长 14.2%；财政收入完成 1228.75 亿元，增长 27.1%；规模以上工业增加值 3009.9 亿元，增长 23.7%，工业企业利润总额 465.76 亿元，增长 75.8%；全社会固定资产投资 7859.07 亿元，增长 37.7%，其中技术改造投资 2215.9 亿元，增长 42.7%；社会消费品零售总额 3271.8 亿元，增长 19%；外贸进出口总额 177.06 亿美元，增长 24.3%，其中出口总额 96.1 亿美元，增长 14.8%；新增城镇就业 45.61 万人，新增农村劳动力转移就业 92.69 万人；城镇居民人均可支配收入 17064 元，增长 10.4%，农民人均纯收入 4543 元，增长 14.1%；居民消费价格总水平涨幅 3%，科教文卫等各项社会事业全面发展，灾后恢复重建进展顺利，为"十一五"规划画上了圆满句号。

图片授权

全景网

壹图网

林静文化摄影部

敬　启

本书图片的编选，参阅了一些网站和公共图库。由于联系上的困难，我们与部分入选图片的作者未能取得联系，谨致深深的歉意。敬请图片原作者见到本书后，及时与我们联系，以便我们按国家有关规定支付稿酬并赠送样书。

联系邮箱：932389463@QQ.com

我爱广西